Kornelius Paede

Dokumentarisches Musiktheater

Diese Arbeit wurde unter dem Titel „Strategien des Dokumentarischen im amerikanischen Musiktheater seit dem ausgehenden 20. Jahrhundert an ausgewählten Beispielen" am Institut für Theaterwissenschaft der Ludwig-Maximilians-Universität München als Masterarbeit eingereicht und mit der Höchstnote bewertet. Auf Empfehlung von Herrn Prof. Dr. David Roesner (Ludwig-Maximilians-Universität München) und Herrn Prof. Dr. Anno Mungen (Universität Bayreuth) wurde die Arbeit in das Programm von wbg Young Academic aufgenommen.

„Kornelius Paede betritt mit seiner Arbeit über Formen des dokumentarischen Musiktheaters Neuland: Das Thema ist so gut wie nicht bearbeitet und mindestens das dritte Beispiel seiner Fallstudien noch so neu, dass es noch nicht Gegenstand wissenschaftlicher Untersuchungen war. Paede ist eine hervorragende Arbeit gelungen, souverän argumentiert, sprachlich sehr gut zu lesen und formal sehr sorgfältig."

David Roesner

„Paedes Masterarbeit ist ein wertvoller Beitrag zur gegenwärtigen Musiktheaterforschung. Einerseits leistet Paede mit seinem historischen Überblick und der Einordnung dokumentarischer Strategien im Musiktheater einen für die Forschung völlig neuen Beitrag. Andererseits gelingt ihm die Einordnung dreier sehr unterschiedlicher Werke von Steve Reich, John Adams und Ted Hearne in die gegenwärtige Musiktheaterpraxis, der nicht nur Wissenschaftler*innen, sondern auch Theaterschaffende sehr interessieren dürfte."

Anno Mungen

Kornelius Paede

Dokumentarisches Musiktheater

Strategien der Authentifizierung im amerikanischen Musiktheater

wbg young Academic

Die Deutsche Nationalbibliothek verzeichnet diese Publikation
in der Deutschen Nationalbibliographie; detaillierte bibliographische
Daten sind im Internet über http://dnd.d-nb.de abrufbar

wbg Young Academic ist ein Imprint der Verlag Herder GmbH

Lektorat/Korrektorat: Helga Antkowiak
Satz und eBook: Satzweiss.com Print, Web, Software GmbH
Gedruckt auf säurefreiem und
alterungsbeständigem Papier
Printed in Germany

Besuchen Sie uns im Internet: www.wbg-wissenverbindet.de

ISBN 978-3-534-40378-3

Elektronisch sind folgende Ausgaben erhältlich:
eBook (PDF): 978-3-534-40380-6
eBook (epub): 978-3-534-40379-0

Inhalt

1. Vorbemerkung

„Das Dokumentarische macht Wirklichkeit zum Material.“[1] Oper hingegen ist „Wirklichkeit aus zweiter Hand“[2], denn trotz der vielbeschworenen Etymologie des Kompositionsbegriffs *componere*, dem Zusammensetzen von Vorgefundenem, steht das Musiktheater der westlichen Welt seit seiner Erfindung unter dem Vorzeichen einer Differenz zur Wirklichkeit. Ob Musik nun im bürgerlichen Sinne ingeniös erfunden wird oder, wie Theodor W. Adorno in seiner *Philosophie der neuen Musik* beschreibt, (musikalisches) Material „sedimentierter Geist, ein gesellschaftlich, durchs Bewusstsein von Menschen hindurch Präformiertes“[3] (und damit ohnehin schon objektiv) ist und darin gesellschaftliche Auseinandersetzung stattfindet, eint bis heute Folgendes das Groß der Kompositionskonzepte: Die Wirklichkeit hat ihren Platz in der immanenten musikalischen Reflexion. Wirklichkeit als Material zum erkennbaren Bestandteil eines Werks werden zu lassen, inklusive aller inhaltlichen und formalen Konsequenzen, ist ein unpopulärer Ansatz in der Kunstmusik, die sich schon traditionell harsch gegen den Vorwurf von Programm-, Gebrauchs- und Funktionsmusik verteidigt. Analog zu diesem musikhistorischen Paradigma hat ungeachtet aller ästhetischen Neuerungen auch das Musiktheater ein grundsätzliches Problem mit dem Dokumentarischen, obwohl seit mehreren Jahrzehnten stetig und spärlich Stücke entstehen, die sich problemlos unter dieser Überschrift einordnen ließen. Doch während dokumentarische Theaterformen im Schauspielbereich auf eine – je nach Defi-

---

1 Boris Nikitin: „Der unzuverlässige Zeuge. Zwölf Behauptungen über das Dokumentarische.“ In: Nikitin, Boris/ Schlewitt, Carena/ Brenk, Tobias [Hgg.]: *Dokument, Fälschung, Wirklichkeit. Materialband zum zeitgenössischen dokumentarischen Theater.* Berlin: Theater der Zeit, 2014. S. 12–21. S. 12.

2 Ralph Nebhuth/Wolfgang Stroh: „Szenische Interpretation von Opern – wieder eine neue Operndidaktik?“ In: *Musik und Bildung*, Jg. 1990, Ausg. 22 (1990). S. 21–25. S. 21.

3 Theodor W. Adorno: *Philosophie der neuen Musik*. Frankfurt am Main: Suhrkamp, 1949. S. 39.

nition[4] – beinahe 100-jährige Geschichte inklusive Nomenklatur, Schulen und Arbeitsparadigmen zurückblicken können, scheint für das Musiktheater nicht einmal die Existenz solcher Formen verifiziert. Die einschlägigen Fachlexika verzeichnen keine entsprechenden Lemmata, eine Google-Suche nach dem Begriff ‚Dokumentaroper' erbringt magere 474 Resultate, ‚dokumentarisches Musiktheater' führt immerhin zu 1090 Ergebnissen auf allerdings nur fünf Ergebnis-Seiten.[5] Entsprechende Werke werden folglich eher kompositionstechnisch indexiert, beispielsweise mithilfe der Begriffe Sampling oder Polystilistik, teilweise werden sie auch Zeitstück oder Geschichtsoper genannt. Damit sei keinesfalls die Notwendigkeit von Nomenklatur oder Gattungspoetik benannt, sondern schlichtweg ein Forschungsdesiderat konstatiert, die musiktheatralen Strategien im Umgang mit dokumentarischem Material zu beschreiben. Denn die im Sprechtheater vieldiskutierten Methoden von Recherche, Materialbehandlung und Authentifizierung sind in der Musiktheaterforschung kaum Thema und werden (wenn überhaupt) als kompositorische Individuallösungen wahrgenommen. Dabei eint so gut wie alle Werke des dokumentarischen Musiktheaters das Problem der Beglaubigung von Quellenmaterial im hochartifiziellen Rahmen Musik: ein musikspezifisches Problem, dem im dokumentarischen Sprechtheater wesentlich realitätsnäher begegnet werden kann.

Diese Publikation möchte daher – auch abseits ihres bescheidenen Rahmens – explizit keinen neuen Gattungsbegriff forcieren, keinen *documentary turn* im Musiktheater verkünden, sondern an ausgewählten Beispielen ästhetische Strategien vorstellen, wie im zeitgenössischen Musiktheater mit dokumentarischem Material umgegangen wird. Dass alle drei Beispiele aus den USA stammen, ist sicherlich kein Zufall, soll jedoch in keiner Beschreibung kultureller Eigenheiten münden. Vielmehr steht jedes analysierte Werk für einen spezifischen Umgang mit dokumentarischem Material: In Steve Reichs *Three Tales* (2002) ist vor allem

---

4 Der Beginn des Dokumentartheaters ist strittig und wird je nach Enge des Begriffs bei den Historiendramen im 19. Jahrhundert, in Erwin Piscators Arbeiten aus den 1920ern oder in den 1960ern angesetzt.

5 Suche jeweils mit doppelten Anführungszeichen ausgeführt am 05.05.2017: „dokumentaroper" und „dokumentarisches musiktheater". Zum Vergleich: Eine Suche nach „don giovanni" ergibt über 7 Millionen Ergebnisse.

die Materialformung im Rahmen von Sampling und Minimal Music interessant, John Adams' *Doctor Atomic* (2005) ist eine große klassische Oper, die auf Originalquellen basiert und Ted Hearnes *The Source* (2015) wirft hochinteressante Fragen bezüglich der Rezeptionsmechanismen und medialen Transformationen von dokumentarischem Material auf. Dabei geht es dieser Arbeit mehr um Strategien als um Inszenierungen im Sinne einer unabhängigen szenischen (Neu-)Interpretation eines abgeschlossenen Werks, die ohnehin ein grundsätzliches Problem dokumentarischen Musiktheaters scheint. In zwei der drei Beispiele (Reich und Hearne) ist die Ebene der Inszenierung ohnehin auf die ‚mitkomponierte' Ebene von Videoprojektion verlagert; bei *Doctor Atomic* ist der Librettist Peter Sellars auch der Regisseur der Uraufführung und somit kein klassisch externer Interpret. Immer im Hintergrund soll auch die Frage stehen, was das Spezifische des Musiktheaters im Umgang mit dokumentarischem Material ist, das Sprechtheater oder Performance so nicht leisten.

Die im Folgenden keinesfalls synonym verwendeten Begriffe Oper und Musiktheater werden gemäß ihrer üblichen Definitionen gebraucht: Musiktheater als Oberbegriff, der in seiner Entstehung in den 1960ern und 1970ern zwar vor allem für Experimente der Avantgarde abseits der Opernhäuser ‚erfunden' wurde, heute aber als Sammelbegriff für alles zwischen Experiment, Oper und Musical gebraucht wird; Oper hingegen als historisch gewachsene, musikdramatische Gattung, meist im Rahmen eines klaren Werkbegriffs.

Zuletzt möchte ich mich für die intensive Betreuung dieser Arbeit, die 2017 als Masterarbeit am Institut für Theaterwissenschaft der LMU München bzw. der Theaterakademie August Everding eingereicht wurde, bei Prof. David Roesner bedanken, genauso wie für zahllose weitere fachliche Impulse. Großer Dank auch an PD Dr. Christiane Plank-Baldauf sowie nicht zuletzt Prof. Anno Mungen, Dr. Ulrike Hartung und Dominik Frank vom Forschungsinstitut für Musiktheater Thurnau der Universität Bayreuth, mit denen ich gemeinsam im Sommer 2019 an der Oper Halle, an der ich seit 2017 als Musiktheaterdramaturg beschäftigt bin, eine dreitägige Tagung mit dem Titel *„Gefühle sind von Haus aus Rebellen" – Musiktheater als Katalysator und Reflexionsagentur für gesellschaftliche Entwicklungsprozesse* veranstalten durfte.

2. Dokumentarisches Musiktheater und die Potenziale der Künstlichkeit

Recherchebasierte Projekte gehören seit etlichen Jahren zum Standard experimenteller Kunst, v. a. des Sprechtheaters und der bildenden Kunst. Genauso wie im Sprechtheater lässt sich auch im Musiktheater seit den 1960ern eine wachsende Popularität von Montage-Arbeiten feststellen, dabei vor allem aber die Inszenierung „von Vorlagen ohne Montagecharakter in Montageformen“[6]. Das verwundert nicht, sind die Schnittmengen zwischen bildender Kunst und experimentellem Musiktheater doch beachtlich. Dieser Fakt bedeutet zunächst nur, dass Anordnung und Kompilation von Material als ästhetische Strategien in allen Theaterformen gängig sind, erzählt aber grundsätzlich noch nichts über die gattungsimmanenten Formungsbedingungen des Musiktheaters, erst recht nichts über Oper. Eine offene Definition von Dokumentartheater, die das Musiktheater nicht ausschließt, mag nach Michael Bachmann wie folgt klingen:

> Als offene Definition von Dokumentartheater und -drama lässt sich lediglich festhalten, dass sie Dokumente im weitesten Sinn einbinden, um einen zeitgeschichtlich als relevant erachteten Vorgang mit meist politischem oder aufklärerischem Anspruch zu ‚dokumentieren‘, d. h. für die Öffentlichkeit erfahrbar zu machen. Notwendig offen bleibt dabei die Bestimmung, was auf welche Weise zum Dokument werden kann, ebenso wie der Übergang zu verwandten Formen von Drama und Thea-

6 Hanno Möbius: „Collage oder Montage.“ In: Berg, Hubert von/Fähnders, Walter [Hgg.]: *Metzler Lexikon Avantgarde*. Stuttgart: J. B. Metzler, 2009. S. 56–57. S. 57.

ter, etwa dem Geschichtsdrama oder der (auto-)biografischen Performance.[7]

Von dokumentarischem Musiktheater könnte als Erweiterung von Bachmanns Definition dann zu sprechen sein, wenn obiges unter der Bedingung geschieht, dass „vornehmlich die Musik und nicht etwa der dramatische Text den szenischen Ablauf als Ganzes steuert oder zumindest die relevanten Komponenten des Theaterkunstwerks reguliert"[8], im engeren Sinne, wenn dabei die im folgenden Kapitel beschriebenen dokumentarischen Strategien, die sich als Beglaubigungsstrategien subsummieren lassen, konstitutiv für das kompositorische und musiktheatrale Gefüge sind.

Dokumentarisches Theater grundsätzlich arbeitet also mit Dokumenten, dokumentiert aber auch selbst. Dies zieht nicht nur das Primat der Inhaltlichkeit nach sich, sondern auch das Problem vermeintlicher Objektivität. Diese Binsenweisheit wäre nicht erwähnenswert, wäre sie nicht ein maßgebliches Problem des Genres, dem auch bspw. Poststrukturalismus, New Historicism oder Cultural Studies wenig anhaben können. Dies bedeutet nicht, dass dokumentarisches Theater einen oberflächlichen Wahrheitsbegriff pflegt, sondern schlichtweg, dass Faktizität eine Kategorie ist, ohne die es nicht auskommt – wie dekonstruktivistisch dann auch im Konkreten damit umgegangen wird. Wichtig ist vor allem der Referenzcharakter von Faktizität. Nicht der Inhalt eines Fakts ist entscheidend, sondern seine Gestalt. Denn „ein Fakt ist eine eingefangene, festgehaltene und verankerte Fiktion. Eine abgeschlossene Information. Sie ist ‚gemacht'. […] Durch die Beglaubigung erhält ein Fakt seine juristische Wirksamkeit."[9] Und obwohl spätestens seit den 1990ern neben ein materialistisches Weltbild und Geschichtspositivismus auch weitreichende Potenziale zur Infragestellung von Faktizität getreten sind, kann im konventionellen Dokumentartheater ein (objektiver bis intersubjektiver) Wahrheitsbegriff nur über die Beglaubigung der

7 Michael Bachmann: „III. Gattungen des Dramas im historischen Kontext: Dokumentartheater/Dokumentardrama." In: Marx, Peter W. [Hg.]: *Handbuch Drama*. Stuttgart/Weimar: J. B. Metzler, 2012. S. 305–310. S. 307.

8 Wolfgang Ruf: „Musiktheater." In: *Die Musik in Geschichte und Gegenwart*. Kassel/Stuttgart: Bärenreiter/J. B. Metzler, 1997. Sachteil Bd. 6, Sp. 1670–1710. Sp. 1690.

9 Nikitin 2014, S. 15.

‚Echtheit' des verwendeten Materials hergestellt werden. Dokumentarische Strategien sind also grundsätzlich Beglaubigungsstrategien – selbst, wenn genau dies zum Thema eines Theaterabends wird.

Infolgedessen scheint der (vermeintlich) objektive Gehalt über die künstlerische Ausprägung zu dominieren, sprich: Inhalt über Form.[10] Und in der Tat ist dokumentarisches Theater häufig politisch engagiert und an der Vermittlung handfester Informationen interessiert. Der Vorwurf einer Inhaltsdominanz ist also nicht vollständig unbegründet. Aber „gerade im Versuch, die Form dem Inhalt unterzuordnen, werde ‚Illusionstheater' geschaffen"[11], so der gängige Vorwurf seit den 1960ern. Das dokumentarische Theater sei sogar „eine Form des Illusionstheaters."[12] Denn „gerade dann, wenn das dokumentarische Theater Wirklichkeit darzustellen behauptet, muss es, mehr noch als das fiktionale Theater, bei dem der fiktive Charakter des Gezeigten und Gesagten stets offengelegt ist, als eine radikale Form des Illusionstheaters betrachtet werden."[13] Dass Illusionismus als Vorwurf überhaupt existiert, liegt aber auch an der Wirklichkeitsnähe des Sprechtheaters, die im Musiktheater so überhaupt nicht möglich ist. Denn im Sprechtheater scheint, genauso wie beispielsweise in der bildenden Kunst, durch ein mimetisches Verhältnis zur ‚echten' Welt eine (vermeintlich) authentische Wirklichkeitsdarstellung möglich, obgleich schon bei Lessing jede „ästhetische Illusion auch das Wissen um die Fiktionalität der Darstellung integriert."[14] Nach Bernhard Waldenfels liegt dem ein Konzept von Wirklichkeit als Modalität zugrunde, also „die Empfindung und Erfahrung des Menschen von ‚Realität', trotz des Wissens um die erkenntnistheoretische Unmöglichkeit ihrer unmittelbaren Erschließung.

---

10 Dass dieser Gegensatz ein scheinbarer ist, ist unbestritten. Dessen legitime Anzweiflung löst aber das Problem nicht, dass Dokumentartheater häufig mit einem objektiven Inhaltsbegriff operiert und bewusst theatrale Formen zur Vermittlung des Inhalts gesucht werden. Bzw.: Diese überholte Dichotomie erstarkt im dokumentarischen Theater häufig auf eine Weise, die angesichts der dort üblichen progressiven Ästhetiken und Arbeitsweisen verwundern kann.

11 Bachmann 2012, S. 305.

12 Nikitin 2014, S. 13.

13 Ebd., S. 14.

14 Stephanie Metzger: *Theater und Fiktion. Spielräume des Fiktiven in Inszenierungen der Gegenwart*. Bielefeld: transcript, 2010. S. 21.

Mit einer solchen Annahme handelt es sich also auch hier um eine Form ‚konstruierter' Wirklichkeit, die aber als solche nicht erkannt wird."[15]

Für das Musiktheater ist die Dialektik von Wirklichkeitswiedergabe und Illusionismus im besonderen Maß relevant, weil die typischerweise bevorzugten Medien für dokumentarische Arbeiten (Film, Fotografie, Audioaufzeichnung) allesamt fixierbar, nicht-flüchtig sind oder – im Falle von Sprechtheater bzw. Performance – durch mimetische Verfahren eine zumindest gefühlte Nähe zur Realität herstellen können. Ganz im Gegensatz zum Musiktheater, das seit Erfindung der Gattung nie auch nur den Versuch unternommen hat, die Wirklichkeit vollständig authentisch abzubilden. Illusionismus ist in ihm gerade nicht der Beifang einer Wiedergabe von Wirklichkeit, sondern die zwingende Folge seiner immanenten Künstlichkeit. Seine Figuren singen, während sie eigentlich sprechen, kämpfen oder sterben müssten – und werden dabei auch noch von Musik begleitet. Jeder Versuch, dem einen Realismus zuzuschreiben, ist zum Scheitern verdammt – mit einer Ausnahme, die die ungeheure Popularität singender Protagonist*innen über Jahrhunderte erklärt: Musik wird zum Teil des Bühnengeschehens. Sänger*innenfiguren von Orpheus bis Tannhäuser sind (auch) Lösungen des Realismusproblems der Gattung. Der grundsätzliche Mangel an Realitätsnähe im Musiktheater „begründete aber ganz allgemein eine Vorliebe der Oper für dramatische Extreme."[16] Sprich: Da Oper ohnehin nicht bzw. nur mit Strategien, die Musik zum Inhalt erklären, realistisch sein kann, wird das emphatische Potenzial der Musik genutzt, um überbordend illusionistisch zu arbeiten. Carolyn Abbate und Roger Parker weisen in diesem Zusammenhang darauf hin, dass zum Wesen der Oper gerade „die krasse Diskrepanz zwischen unseren Plausibilitätserfahrungen aus der wirklichen Welt und den aus der Eigendynamik der Musik hervorgehenden Anforderungen an die Sänger (und auch ans Publikum)"[17] gehört.

Dass Oper zwangsläufig unrealistisch ist, darf selbstverständlich nicht darüber hinwegtäuschen, dass es überhaupt keinem Medium vergönnt ist, die Wirklichkeit objektiv wiederzugeben. So sieht bspw. auch die Filmtheorie das Verhältnis des Films zur Realität seit Jahrzehnten mehr als kritisch. Stanley Cavell beschreibt 1971:

---

15 Ebd., S. 38.

16 Carolyn Abbate/Roger Parker: *Eine Geschichte der Oper. Die letzten 400 Jahre*, o. O.: C.H. Beck, 2013. S. 38.

17 Ebd, S. 39.

> Deshalb war es für mich auch höchst aufschlussreich, dass beide [Panofsky und Bazin] bezeichnenderweise ohne Not und Grund vom Film als ‚einer Dramaturgie der Natur' sprechen und im ‚Medium der Filme Realität als solche' zu erkennen glaubten. Damit betonen sie zu Recht, dass Realität im Film nicht einfach beschrieben oder dargestellt wird. Realität ist für uns aber auch nicht wirklich gegenwärtig (jedenfalls ist ihre Gegenwart nicht offensichtlich), wenn sie auf der Leinwand erscheint. Daraus ergibt sich für mich folgende Überlegung: Was die Materialität des Films von jeder anderen unterscheidet, liegt in der Abwesenheit dessen begründet, was die Bedingung seines Erscheinens vor uns ist; d. h.: in der Modalität unserer Abwesenheit von ihm, in seiner Bestimmung, Realität und Phantasie (nicht durch Realität als solche, sondern) durch Projektionen von Realität zu offenbaren – durch Projektionen, in denen nach meiner Formulierung Realität davon befreit ist, sich selbst darzustellen.[18]

Interessant an Cavells Ausführungen ist für dokumentarisches Musiktheater nicht nur, dass gerade durch seine Materialität das verhältnismäßig realitätsnahe Medium Film kein allzu großes Interesse an einer ‚objektiven' Wirklichkeitswiedergabe hat, sondern auch, dass eine mediale Überformung eben auch nicht zwangsläufig bedeutet, nichts mehr mit Realität zu tun zu haben. Die Strategie dokumentarischer Kunst ist eben nicht, die Realität originalgetreu wiederzugeben, sondern sie vielmehr zu beglaubigen – und das ist im Musiktheater selbstverständlich möglich.

Dieser Arbeit geht es im Folgenden weniger um eine historische Herleitung des allgemeinen Problems des Unrealistischen im Musiktheater, sondern vielmehr um ästhetische Strategien, die in den Eigengesetzlichkeiten von Musik spezifische Möglichkeiten für einen Umgang mit Material eröffnen, das durch seiner Herkunft einen starken Bezug zur außertheatralen Wirklichkeit hat. Diese Strategien zeigen sich auch an historischen Diskursen im Rahmen des Mimesis-Problems.

---

18 Stanley Cavell: „Die Welt durch die Kamera gesehen." In: Henrich, Dieter/Iser, Wolfgang [Hgg.]: *Theorien der Kunst*. Frankfurt am Main: Suhrkamp, 1992. S. 447–490. S. 448.

So wird bspw. bei Aristoteles dem Kunstwerk „eine eigenständige Gesetzmäßigkeit zugestanden, mit der, solange der Grundsatz der poetischen Wahrscheinlichkeit gewahrt bleibt, auch der Wirklichkeitsbezug der Nachahmung garantiert ist."[19] Wahrscheinlichkeit genügt hier also bereits, das Authentische muss nicht beglaubigt werden. Interessant für das Musiktheater ist in Aristoteles' Konzept vor allem, wie sich Form und Struktur zum Wirklichkeitsbezug verhalten. Stephanie Metzger führt (nicht nur für Aristoteles) aus: „Indem sich die mimetischen Hervorbringungen nach den Prinzipien ‚Wohlproportioniertheit', ‚Abbildungstreue gemäß der Wahrscheinlichkeit' und ‚Wirkungskapazität durch Identifikationspotential' eigenständig strukturieren und sich explizit als Täuschung manifestieren, eignet ihnen eine besondere Erkenntnis- und Wirkungsmöglichkeit."[20]

Bei Heinrich von Kleist löst sich das Problem hingegen entweder über absolute Authentizität, also Unwissenheit und Naivität, oder das Essen „von dem Baum der Erkenntnis [...], [nur um damit wieder] in den Stand der Unschuld zurückzufallen"[21] – nicht über simple Nachahmung, die, wie beschrieben, ohnehin zu Künstlichkeit führt. Abgesehen davon, dass der postmoderne Konstruktivismus auch jenen Stand der Unschuld anzweifeln würde, scheint absolute Unkünstlichkeit im Bereich der Wirklichkeitsnachahmung ohnehin unmöglich. Aber während das Sprechtheater seine Künstlichkeit zumindest kaschieren kann und durchaus eine Illusion des Echten herstellen kann, stellt das Musiktheater seine gattungsimmanente Künstlichkeit geradezu aus – und verfügt damit, so paradox das klingen mag, über ein großes Potenzial für Wirklichkeitsbezüge, denn „in Phasen der drohenden ‚Totalillusion' [...] entsteht sozusagen erst das Bedürfnis nach Realität als Folge eines Gefühls, in Irrealität zu versinken und als Moment der Suche nach Orientierung und Zweifel."[22]

Dass Künstlichkeit und Illusionismus für das Dokumentartheater gerade zur Vermeidung eines unintendierten Illusionstheaters erwünscht sein kann, zeigen abseits des Musiktheaters u. a. die dokumentarischen/recherchebasierten Arbei-

---

19 Metzger 2010, S. 16f.

20 Ebd.

21 Heinrich von Kleist: *Über das Marionettentheater*. Wiesbaden: Löwit, 1810. S. 987.

22 Metzger 2010, S. 52.

ten der letzten 20 Jahre in der Spannbreite von Rimini Protokoll bis Hans-Werner Kroesinger mit ihrem klugen Changieren zwischen Repräsentation und Präsentation, Einfühlung und Distanzierung. Entscheidend ist im zeitgenössischen dokumentarischen Theater ohnehin nicht, ob die Wahrheit einer Überprüfung standhält, sondern ob „mit einem Wahrheitsanspruch auf eine konkrete Wirklichkeit zugegriffen oder verwiesen wird – und dass alle postulierten Wahrheiten und offengelegten Dilemmata in einem unmittelbaren Bezug zur konkreten Wirklichkeit stehen."[23] Dies ist dem Musiktheater selbstverständlich auch möglich. Dem unmittelbaren Bezug zur konkreten Wirklichkeit stehen hier nicht etwa natürliche Grenzen der Gattung, sondern vor allem ein Ideal von Komposition entgegen, das die Autonomie der Musik forciert. Auch für das Musiktheater ist es bis heute wirksam:

> Oper erfährt aber in der ästhetischen Theorie und der literarischen Praxis um 1800 eine ähnliche modellhafte Funktionalisierung wie die autonome Instrumentalmusik, die Umwertung der Musik zur ‚absoluten' Kunst – die ‚Musikalisierung der Musik' [...] geht auch innerhalb der Oper vonstatten, sozusagen als ‚Musikalisierung der Oper'. Was der Terminus ‚absolute Musik' anzeigen will, ist die Tendenz zur totalen Autonomisierung der Kunst. Das ‚Absolute' als Denkfigur gibt die Richtung an. Die vielbeschworene ‚Künstlichkeit' der Oper besagt eben dies: losgelöst von Mimesis-Postulaten wird die Oper als ein radikal autonomes Kunstwerk rezipiert und funktionalisiert.[24]

Dem Ideal der absoluten Musik steht der akut politische Impetus von dokumentarischer Kunst entgegen, der sich ohnehin nur schwerlich mit einem absolut-autonomen Kunstwerk in Einklang bringen lässt. Selbst wenn diese Kategorie seit den 1960ern und 1970ern, auf jeden Fall aber im Rahmen der Praktiken von „compo-

---

23 Andreas Tobler: „Das Dokumentarische als Gestus. Über Möglichkeiten dokumentarischen Theaters." In: Nikitin, Boris/Schlewitt, Carena/Brenk, Tobias [Hgg.]: *Dokument, Fälschung, Wirklichkeit. Materialband zum zeitgenössischen dokumentarischen Theater*. Berlin: Theater der Zeit, 2014. S. 147–161. S. 150.

24 Susanna Lulé: *Oper als ästhetisches Modell für die Literatur um 1800*. Phil. Diss. Gießen: Justus-Liebig-Universität, 2004. S. 88.

sed theatre"[25] oder „new music theater"[26], ins Wanken geraten ist, wird sie (nicht nur vom Publikum) immer wieder eingefordert. Auch im Rekurs auf dieses Problem der absoluten Musik sind im dokumentarischen Musiktheater Strategien entwickelt worden, mit denen dokumentarisches Material beglaubigt wird. Diese Beglaubigungsstrategien sind im Folgenden zu beschreiben.

---

25 Vgl. Matthias Rebstock/David Roesner [Hg.]: *Composed Theatre. Aesthetics, Practices, Processes*. Bristol: Intellect, 2012.

26 Vgl. Eric Salzman/Thomas Desi: *The New Music Theatre*. Oxford: Oxford University Press, 2008.

3. Authentifizierung und dokumentarische Strategien

Ob man an den Anfang der Erzählung einer Werkgenese nun im romantischen Sinn den originalen, ingeniös geschöpften Einfall stellt oder ein sich entwickelndes Gewebe von Zitaten – üblicherweise werden, wenn mit Text gearbeitet wird, diverse mediale Transformationsprozesse durchlaufen, bis ein neu entstehendes Musiktheaterstück aufgeführt werden kann. Diese Transformationen bedeuten, ähnlich wie Übersetzungen, Änderungen der medialen Formungsbedingungen, etwa bei der Transformation einer historischen Quelle in Theatertext oder bei dessen Vertonung. Qualitativ entscheident ist in der Regel nicht das bloße Quellmaterials, sondern die Kunstfertigkeit seiner medialen Transformation. Ein Modus von Materialpräsentation – ein Standard des Dokumentartheaters – hieße die Zurücknahme des Credos von Komposition als ästhetische Sublimierung bzw. eine Nivellierung der Selbstbegründung absoluter Musik – auch im Falle von Arbeiten, die die Anordnung von Material stark betonen, wie bspw. Zimmermans *Soldaten*. Diese medialen Prozesse sind zumindest im Rahmen eines konservativen Opernbegriffs, wie er auch heute noch die Stadt- und Staatstheater dominiert, kaum veränderlich und begünstigen letztlich das Entstehen von Illusionismus und Fiktionalität, indem bei jeder medialen Transformation das Ursprungsmaterial weniger erkennbar wird. Anders im dokumentarischen Sprechtheater: „The promise of documentary […] is to establish a link between spectator's quest and an absent but an acknowledged reality."[27] Aber: „The mediation is always suspect. And yet it has its measure of efficacy, it is a way of knowing."[28] Weil Theater als Vermittlungsmedium von Wirklichkeit also grundsätzlich suspekt ist, muss Dokumentartheater die (freilich ebenso spekulative) Authentizität eines Materials stets beglaubigen

---

[27] Janelle Reinelt: „The Promise of Documentary." In: Forsyth, Alison/Megson, Chris [Hgg.]: *Get Real. Documentary Theatre Past and Present.* New York: palgrave macmillan, 2009. S. 6–23. S. 9f.

[28] Ebd., S. 23.

oder zumindest thematisieren. Musiktheater hat, wie erwähnt, einen hohen Anteil an Künstlichkeit, damit zumeist fiktionalen Charakter, und tut sich entsprechend schwer mit Authentifizierung.

> Authentizität allgemein verstanden als ‚Echtheit', ‚Zuverlässigkeit' und ‚Glaubwürdigkeit' ist prinzipiell nur schwer mit dem Fiktionalitätscharakter der Künste in Verbindung zu bringen. Dem Ideal authentischer Wirklichkeitswiedergabe stehen die künstlerischen Verfahrensweisen des Erdichtens und Erfindens sowie die in den Künsten positiv konnotierte Phantasie und Kreativität diametral gegenüber.[29]

Das dokumentarische Sprechtheater kennt zahlreiche produktive Strategien zum Umgang mit diesem Problem. Für Andreas Tobler sind sie sogar konstitutiv für das ganze Genre. So sei die spezifisch ästhetische Leistung des dokumentarischen Theaters „in den Beglaubigungsstrategien zu suchen, mit denen der Wahrheitsanspruch auf der Bühne erhoben wird."[30] Tobler plädiert sogar dafür, als Wesenskern des dokumentarischen Theaters einen „Gestus zu verstehen, mit dem auf die Wirklichkeit zugegriffen wird. [...] Dieser Gestus ist mit einem Wahrheitsanspruch verbunden. [...] Mit dem Anspruch auf Wahrheit ist immer auch ein Aufklärungsanspruch verbunden [...]"[31] Franz Liebl beschreibt hierfür drei Strategien: „Die Strategie der Transparenz"[32], bei der bspw. Rechercheprozesse oder Quellen offengelegt werden; „Die Strategie der Authentizität"[33], also eine bewusste Nicht-Inszenierung des Materials, die damit sogar eine besonders star-

---

29 Stefanie Kreuzer: „Künstl(er)i(s)che Strategien von Authentizitätskonstruktion – Beispiele aus Literatur, Film und bildender Kunst." In: Funk, Wolfgang/Krämer, Lucia [Hgg.]: *Fiktionen von Wirklichkeit. Authentizität zwischen Materialität und Konstruktion*. Bielefeld: transcript, 2011. S. 179–204. S. 180.

30 Tobler 2014, S. 151.

31 Ebd, S. 148.

32 Franz Liebl: „Strategien zur Erzeugung von Glaubwürdigkeit. Von der Erregung zum Misstrauen." In: Nikitin, Boris/Schlewitt, Carena/Brenk, Tobias [Hgg.]: *Dokument, Fälschung, Wirklichkeit. Materialband zum zeitgenössischen dokumentarischen Theater*. Berlin: Theater der Zeit, 2014. S. 135–146. S. 137.

33 Ebd., S. 141.

ke Inszenierung bewirkt, und „die Strategie der Selbstbezichtigung“[34], quasi eine ‚authentische Inauthetizität‘, bei der die Unmöglichkeit von Objektivität und der theatrale Rahmen thematisiert werden – um letztlich die Inauthentizität glaubwürdig zu machen. Selbstbezichtigung ist vor allem typisch für die dritte Welle des dokumentarischen Theaters seit den ausgehenden 1990ern. In der ersten und zweiten Welle (in den 1920ern und 1960ern) beglaubigen vor allem Dokumente und verwendete Medien, in der dritten Welle hingegen das eigene Erleben und die eigenen Überzeugungen. „Damit wird Subjektivität zur wichtigsten empirischen Größe und zum Garanten für Wahrheit.“[35]

Das Streben nach Objektivität führt jedoch nicht zwangsläufig zu einer Versachlichung von Inhalten. Vielmehr ist in Fällen besonders ausgeprägter Bemühung um Authentizität „stets eher die Nähe zum Authentischen als einem Gefühlswert zu konstatieren.“[36] Sprich: Viel Authentizität geht den Rezipient*innen tendenziell besonders nah – etwa im Fall eines Paratexts wie ‚Nach einer wahren Geschichte‘. Das ist die Paradoxie des Dokumentartheaters: Authentifizierung stellt nicht nur Distanz her, sondern auch Empathie. Analog müsste das Musiktheater also besonders geeignet für Dokumentarisches sein – und tatsächlich existieren kompositorische Strategien, die mit besagten Gefühlswerten spielen, die sich das dokumentarische Musiktheater auch zunutze macht.

Musik deutet einen Text aus, kann affirmativ oder subversiv mit ihm umgehen – nicht nur anhand dessen, wie er gesanglich interpretiert wird. Vor allem die instrumentale Begleitung ist bereits seit der Erfindung der Oper, besonders deutlich bei Wagners Leitmotivtechnik sowie in der Spät- und Spätestromantik, ein Mittel, um gesungenen Text nicht nur subjektiv auszudeuten, sondern ihn auch zu kommentieren, komplexe inhaltliche Bezüge herzustellen oder ihn musikalisch zu dekonstruieren. Schon die stets ausgestellte Struktur einer barocken Arie ist ein hochgradig artifizielles Gebilde, das trotz Affektrhetorik nicht auf bloßen Gefühlsausdruck reduziert werden kann – von Entwicklungen seit der Opernreform im 18. Jahrhundert oder der Auflösung der Nummerndramaturgie ins Prozessuale in der zweiten Hälfte des 19. Jahrhunderts ganz zu schweigen. Ein bewusster kompositorischer Umgang mit dem Bruch zwischen Text und Musik sowie dem

---

34 Ebd., S. 143.

35 Tobler 2014, S. 152.

36 Kreuzer 2011, S. 201.

scheinbaren Widerspruch zwischen musikalischer Form und Gefühlsausdruck ist zentral für das dokumentarische Musiktheater. Über ihn kann selbst im Rahmen eines traditionellen Kompositionsbegriffs dokumentarisches Material in seiner Gestalt erhalten bleiben, die Musik dabei etwas gänzlich anderes machen (und sogar weitestgehend autonom bleiben).

In dokumentarischen Arbeiten des Sprechtheater-/Performance-Bereichs werden bereits seit den 1960er-Jahren konventionalisierte Wahrnehmungsweisen durch Realräume und Realzeit, Real-Präsenz unterminiert und Authentizität von Handlungen durch diverse Performance-Strategien beglaubigt, was letztlich eine Entfiktionalisierung herbeiführt.[37] Diese Strategien finden sich auch im experimentellen Musiktheater. Entfiktionalisierung ist jedoch auch ein klassisch-dramaturgisches Merkmal der Oper, etwa im Barock, wenn starke Fiktionalisierung erst gar nicht aufkommen kann, weil Affekt und dramatischer Fortgang durch Rezitativ und Arie getrennt sind. Das Problem einer unrealistischen Zeitwahrnehmung, weil der dramatische Fortgang vom Affekt quasi pausiert wird, zieht sich als Problem durch die gesamte Operngeschichte und zeigt sich u. a. auch durch Dehnung oder Beschleunigung der Zeitwahrnehmung. Naturalistisches, psychorealistisches Spiel ist den Sänger*innen dabei schlechterdings nicht möglich; dem Publikum wird deutlicher als im Sprechtheater stets vor Augen geführt, dass das Bühnengeschehen eine Behauptung bleibt. Auch Kunstgesang als artifizielle Praxis und der Umgang mit Stimme als Instrument ist hierfür maßgeblich.

Ausgehend von dem Gedanken, dass eine mimetische Wirklichkeitsabbildung nicht möglich ist, ist Authentizität „weniger durch den Versuch eines ‚getreuen Abbildens' des ‚Wirklichen' geprägt, sondern vielmehr durch künstlerisch-erfinderische Strategien, die im Zeichen einer authentischen Annäherung an die Erfahrungswirklichkeit stehen."[38] Diese Annäherung vermag auch das Musiktheater zu leisten, freilich stets im Rahmen seiner immanent hohen Künstlichkeit. Dafür ist das immersive Potenzial von Musik verantwortlich. Innerhalb des ‚Eintauchens' in Musik können Erfahrungswirklichkeiten produziert werden, die die Wirklichkeit imitieren (etwa Jimi Hendrix' Interpretation der amerikanischen Nationalhymne auf dem Woodstock-Festival) oder Analogien zu ihr herstellen (etwa die überwältigende akustische Überforderung im vierten Akt von Zimmermanns *Soldaten*).

---

[37] Metzger 2010, S. 25f.

[38] Kreuzer 2011, S. 201f.

4. Dokumentarisches Musiktheater als historische Tendenz

Im weitesten Sinn sind bereits die mittelalterlichen Formen abendländischer Musikaufzeichnung eine dokumentarische Praxis mit zumindest theatraler Bedeutung. Für den gregorianischen Gesang beginnt die Aufzeichnung modaler Melodien im 10. Jahrhundert. Dem geht eine mündliche, durch Improvisation gekennzeichnete Überlieferungspraxis voraus, die durch Notation fixiert, quasi dokumentiert wird, wodurch sich gleichzeitig die medialen Bedingungen ändern, denn durch Schriftlichkeit wird der Gesang unveränderlich, genau wiederholbar und letztlich sakrosankt. Dazu kommt die für Gläubige wirklichkeitskonstituierende, performative Kraft des Mitwirkens an der Liturgie. Ähnlich verhält es sich für diverse religiöse Musikpraxen vor der Aufklärung. Dass innerhalb mittelalterlicher Passions- und Mysterienspiele historische Tatsachen vergegenwärtigt wurden, macht diese natürlich ebenso wenig zu frühem Dokumentartheater wie den gregorianischen Gesang. Jedoch lässt sich durchaus vom Einbinden als historisch geltender Dokumente (sprich: der Bibel) in ein hochtheatrales Ritual sprechen, um sie erfahrbar zu machen.

Entsprechendes würde im Barock auch für Oratorien und Kantaten, insbesondere aber für Passionen gelten – vor allem, wenn sakrosankter Bibeltext enthalten ist, der damit in Form von Rezitativen als Quelle geradezu präsentiert wird. Die musikalische Faktur entsteht schließlich um das inhaltliche Gerüst des Bibeltexts, also der Rezitative herum. Folglich liegt, analog zur Oper, der dramatische Schwerpunkt bis ins 18. Jahrhundert auch in den Rezitativen. Interessant wäre hierbei vor allem, die vielfältigen Parodie- und Kontrafakturverfahren im Hinblick auf dokumentarische Verfahren zu prüfen.

Folgt man Michael Bachmanns Minimaldefinition von dokumentarischem Theater[39] – dass es mit Dokumenten arbeitet, selbst aber auch dokumentiert – so finden sich für die Oper erste historische Ansätze in der zweiten Hälfte des 19. Jahrhunderts. Leoncavallos *Pagliacci* beruht – und ist damit eine Ausnahme, auch im Verismo – auf einer Begebenheit, die der Komponist im Alter von 17 Jahren selbst erlebt haben will.[40] In Umberto Giordanos *Andrea Chénier* wird das Todesurteil des namensgebenden Protagonisten gesprochen (und nicht gesungen) und die Nachricht vom Tod Turiddus in Mascagnis *Cavalleria rusticana* hinter der Bühne drückt sich nicht als überhöhter Gesang, sondern durch realistische Schreie aus. Die Folge: „Das Schreckliche erfährt keine Harmonisierung durch Musik. Das Geschehen wird nicht in die Kunstform Oper aufgenommen [...] und ragt als solches wie ein Stück tatsächlicher Wirkung in die Kunst hinein. [...] Die Grundvoraussetzung der Oper, der Gesang, [...] wird zugunsten anderer Ausdrucksformen, und zwar solcher, die in der Realität üblich sind"[41], aufgegeben. Entsprechende Beispiele, die sich seit *La traviata* und *Carmen* in der Opernliteratur finden lassen,[42] sind allerdings eher Beispiele für Realismustendenzen in der Oper, die sich in den Zeitstücken des 20. Jahrhunderts fortsetzen, als tatsächlich dokumentarische Arbeiten. Sie haben nichts mit dem besonderen Status von Dokumenten zu tun, sondern sind analoge Entwicklungen zu bspw. Realismus, Naturalismus oder später Tendenzliteratur. Auch dem Anspruch, einen sozialen Status quo zu dokumentieren, werden sie kaum gerecht. Zu sehr beschränkt sich der Realismus auf einzelne Effekte, zu zaghaft weichen die veristischen Opern von einer konventionellen Affektlogik ab. Ganz anders als der literarische Verismo, der Literatur tatsächlich als Dokumentationsmedium verstand: „un documento umano."[43]

39 Vgl. S. 10f. in dieser Arbeit.

40 Egon Voss: „Verismo in der Oper." In: *Die Musikforschung*, Jg. 31, Ausg. 3 (1978). S. 303–313. S. 304.

41 Ebd., S. 311.

42 Vgl. Norbert Tschulik: „Der Verismo und seine Grenzen." In: Egon Voss [Hg.]: *Maske und Kothurn. Stichwort: Verismo*. Wien: Böhlau, 2003. (Internationale Beiträge zur Theaterwissenschaft Jg. 49). S. 165–177. S. 165.

43 Voss 1978, S. 304.

Weitere Versuche, naturalistische Kompositionstechniken zu entwickeln, zeigen sich in den Folgejahren u. a. auch bei Mussorgski, Janáček oder Schreker, sind aber eher als Einzelphänomene zu verbuchen. Künstlerische Strategien, die das Dokument selbst sichtbar werden lassen und es geradezu ausstellen, finden sich vereinzelt bereits in den späten 1920ern, vermehrt aber ab den 1960ern. So werden in Bertolt Brechts, Elisabeth Hauptmanns und Paul Hindemiths *Der Lindberghflug*[44] (UA 1929) immer wieder diverse Flugdaten in einem dokumentarischen Modus präsentiert. Werner Egk greift für seine Oper *Columbus* (UA 1933) u. a. auf historische Bordbücher und die Annexionsurkunde von 1492 zurück.[45]

Für das europäische Musiktheater nach dem Zweiten Weltkrieg lassen sich diverse Beispiele für dokumentarische Strategien finden, die jedoch allesamt als Individuallösungen beschreibbar sind. Eine Schule oder gar Einflusslinien eines dokumentarischen Musiktheaters existieren de facto nicht. Höchstens ließe sich von einer Tradition des engagierten Musiktheaters sprechen, innerhalb dessen vermehrt dokumentarisch gearbeitet wird. Einige Beispiele für dokumentarische Tendenzen seit dem Zweiten Weltkrieg sind folgende:

Stefan Weiss hebt etwa für Luciano Berios *Sinfonia* (1968/69), Bernd Alois Zimmermanns *Die Soldaten* (1957–1969) und Sergei Slominskis Kantate *Eine Stimme aus dem Chor* (1963) eine geschichtliche Auseinandersetzung innerhalb einer Collagenform hervor.[46] Ähnliches gilt für Alfred Schnittke, der selbst die dokumentarische Qualität der Polytilistik betont.[47] Luigi Nonos *Intolleranza* (UA 1961) greift auf diverse dokumentarische Quellen zurück; Grigori Frids ‚Mono-Oper' *Das Tagebuch der Anne Frank* (komp. 1969) ist eine lose Vertonung von 21 Episoden aus dem berühmten Tagebuch. Und selbst Hans Werner Henze arbeitet nach *El Cimarrón* (1969/7) – einem Werk nach einem autobio-

44 Auch: *Der Flug der Lindberghs* bzw. *Der Ozeanflug*.

45 Frank Kämpfer: „Werner Egk – ‚Columbus'." Entn. *Deutschlandfunk*, <http://www.deutschlandfunk.de/werner-egk-columbus.727.de.html?dram:article_id=100740>, letzter Zugriff: 08.05.2017.

46 Stefan Weiss: „Polystilistik." In: Hiekel, Jörn Peter/Utz, Christian [Hgg.]: *Lexikon Neue Musik*. Stuttgart/Kassel: J.B. Metzler Verlag, 2016. S. 506–507. S. 506.

47 Ebd.

grafischen Text eines ehemaligen Sklaven – vermehrt mit dokumentarischen Texten.[48] Für György Kurtágs *Kafka-Fragmente* (1986) beschreibt Martin Zenck die „Inszenierung einer lebensgeschichtlichen und subjekt-konstituierten Authentizität" bei einer „gegenläufige[n] Inszenierung der artistischen Konstruktion".[49] Frederic Rzewskis *Der Triumph des Todes* (1987) nach Peter Weiss' *Die Ermittlung*, erst 2015 beim Kunstfest Weimar uraufgeführt, ist für eine beliebige Anzahl an Stimmen geschrieben und gibt detaillierte Anweisungen über artefakt- bzw. dokumentartige Sonderinstrumente wie gefüllte Mülleimer, ein Tonband oder einen zu zerschmetternden Stuhl. Heutzutage entstehen dokumentarische Musiktheaterstücke, etwa Genoël von Liliensterns *Speere Stein Klavier* (2016) bei der Münchener Biennale für neues Musiktheater oder *Volk unter Verdacht* (2017) von Ulrike Ruf und Iris ter Schiphorst im Berliner Radialsystem, mit großer Selbstverständlichkeit. Entsprechende Projekte zehren von der avancierten Dokumentartheaterpraxis im Sprechtheater sowie der Verfransung von Sparten, Professionen und Ästhetiken und finden sich gewiss nicht zufällig häufig in der freien Szene.

Die Grundlage für die entsprechende Offenheit für experimentelle Formate mit dokumentarischem Material ist sicherlich auch in den historischen Avantgarden des 20. Jahrhunderts zu finden, in der Abkehr von Bühnenillusionismus und dem Versuch der Aufhebung der Trennung von Kunst und Leben, wie bei Antonin Artaud.

> Artaud wants to reconstruct the ancient connection between art and life in (religious) ritual through his theatre. To do this, however, the separation between the stage and the audience must be overcome [...]. It is precisely

48 Camilla Bork/Jörn Peter Hiekel: „Neue Musik und Literatur." In: Hiekel, Jörn Peter/Utz, Christian [Hgg.]: *Lexikon Neue Musik*. Stuttgart/Kassel: J.B. Metzler Verlag, 2016. S. 454–460. S. 459.

49 Vgl. Martin Zenck: „Inszenierung von Authentizität in den Kafka-Fragmenten von György Kurtág nebst einem Prolegomenon zu einer Theorie der Authentizität im musikalischen Kunstwerk." In: Fischer-Lichte, Erika/Horn, Christian/Pflug, Isabel/Warstat, Matthias [Hgg.]: *Inszenierung von Authentizität*. Tübingen: Narr Francke Attempto, 2007. S. 129–148.

> this connection between art and life that both the Happenings and Fluxus movements strove for with their respective theatres of action [...].[50]

Auch die Ausdifferenzierung des Musiktheaters in der Nachfolge von Serialismus und Dodekaphonie und die entsprechende Suche nach neuem kompositorischen Material trägt sicherlich zu dieser Offenheit bei, obgleich daran auch Zweifel berechtigt sein mögen: „The dominance of atonal modernism and serialism in musical life during the 1950s and 1960s drove a wide wedge between new music and any form of theater."[51] Die europäische neue Musik in der zweiten Hälfte des 20. Jahrhunderts bevorzugt dokumentarische Arbeiten keinesfalls. Das (sich unterdessen auch schon in den Rentenjahren befindliche) Paradigma der Suche nach neuem kompositorischen Material und neuen Ausdrucksformen sorgt aber für eine entsprechende ästhetische Offenheit.

Im amerikanischen Musiktheater entstehen erst in den 1940ern und 1950ern Opern in der Tradition des Verismus (u. a. Menotti, Weill, Blitzstein).[52] Abseits der großen Opernhäuser ist vor allem John Cage als maßgeblicher Einfluss für musiktheatrale Experimente zu nennen, in denen ein Material seine Eigengesetzlichkeit behält und der Kompositionsbegriff infrage gestellt wird. Typisch ist hierbei vor allem das Prinzip von Komposition als Versuchsanordnung und die damit einhergehende Erweiterung des Kompositionsbegriffs. „Many radical American works of the sixties and seventies were created this way, with the composer setting up a musical situation and sitting back to observe the outcome; it was an attitude that originated with Cage, the master of coordinated accidents."[53]

---

50 Matthias Rebstock: „Composed Theatre: Mapping the Field." In: Rebstock, Matthias/ Roesner, David [Hgg.]: *Composed Theatre. Aesthetics, Practices, Processes.* Bristol/ Chicago: Intellect, 2012. S. 17–52. S. 27.

51 Salzman, Eric: „Some Notes on the Origin of New Music-Theatre." In: *Theater*, Jg. 30, Ausg. 2, (2000). S. 9–23. S. 11.

52 Elise K. Kirk: „American Opera: Innovation and Tradition." In: Mervyn Cooke [Hg.]: *The Cambridge Companion to Twentieth-Century Opera*. Cambridge: Cambridge University Press, 2005. S. 197–208. S. 200.

53 Alex Ross: *The Rest is Noise. Listening to the Twentieth Century.* New York: Farrar, Straus and Giroux, 2007. S. 544f.

Dass zeitgenössische Ansätze in amerikanischen Opernhäusern, die sich in viel stärkerem Maß als in Deutschland privatwirtschaftlich finanzieren müssen, heute zu sehen sind, ist abseits des Sprechtheaters mit Sicherheit den Minimalisten zuzuschreiben. Vor allem Steve Reichs Arbeiten mit Samples gehen seit den 1960ern mit der Materialität von Originalquellen um. He „took as his ultimate goal a kind of realist experience that resembles Antonin Artaud's Theatre of Cruelty."[54] Auch John Adams' Opern, die dramaturgisch wesentlich stärker wie klassiche Oper wirken als Reichs Arbeiten, enthalten Zitate aus Dokumenten und werden gern als dokumentarisches Musiktheater bezeichnet.

> With Adams, Sellars, Goodman, Glass after about 1990, Reich and Korot, questions about realism became intertwined with questions of necessity. As these artists understood it, opera must serve a televisual reality, a world transformed by Walter Benjamin and Jean Baudrillard – in short, a reality of simulacra.[55]

54 Arved Ashby: „Minimalist Opera." In: Mervyn Cooke [Hg.]: *The Cambridge Companion to Twentieth Century Opera*. Cambridge: Cambridge University Press, 2005. S. 244–266. S. 246.

55 Ebd., S. 265.

5. Steve Reich, *Three Tales*

Komposition mit Quellenmaterial

Bis in die 1970er beschäftigt sich Steve Reich in seinen Instrumentalwerken noch wenig mit Stimme als Träger von Text und Bedeutung, sondern behandelt sie – bspw. in *Drumming* (1971), *Music for Mallet Instruments, Voices and Organ* (1973) und *Music for Eighteen Musicians* (1974–1976) – als Instrument.[56] Anders in seinen auf Audioaufnahmen basierenden Stücken. Die Technik „of generating pitch from speaking voices“ [57], die sich nicht nur in den beiden „Video Operas“ *The Cave* (1993) und *Three Tales* findet, sondern auch u. a. in seinem Klassiker *Different Trains* (1988), entwickelt er bereits in den 1960ern. Das Stück *Come Out* (1966) ist ähnlich wie das ein Jahr zuvor veröffentlichte *It's gonna rain* im Wesentlichen ein Loop der titelgebenden Phrase, die sich durch die für Minimal Music so typischen Phasenverschiebungen immer weiter desemantisiert, während Reich das Klangergebnis zuerst auf vier, dann auf acht Kanäle aufspaltet. „After a while the words become unintelligible, although the pitches inherent in them – E-flat, C, D, C – persist. You are essentially listening to an electronic canon for eight seething voices in the key of C minor.“[58] Das Sample selbst ist eine Aufnahme von Daniel Hamm, einem schwarzen Jugendlichen, beteiligt am Little Fruit Stand Riot von 1964. Der offensichtlich politische Text wird jedoch kompositorisch nicht beglaubigt, sondern verliert seine inhaltliche Bedeutung im Verlauf des Stücks, weil er am Ende des Stücks nicht mehr verständlich ist: „Thus what begins as documentary evidence of a particular speaker [...] is slowly transformed into a dense canonic texture in which the rhythms and intonation of the original performance become

---

56 Christopher Fox: „Steve Reich's ‚Different Trains‘ “ In: *Tempo*, Jg. 1990, Ausg. 172 (1972). S. 2–8. S. 4.

57 Ross 2007, S. 545.

58 Ebd.

at least as important as the sense of what was said."[59] Abgesehen davon, dass Reich hier das Verstummen einer schwarzen Stimme zeigt, besteht das kompositorische Verfahren in einer Musikalisierung von Sprache durch Wiederholung. Der außermusikalische politische Inhalt und seine Authentizität wird formal-kompositorisch überformt.

Anders im 22 Jahre jüngeren *Different Trains* (1988). Mittlerweile ist Sampling als Kompositions- und Kulturtechnik weit entwickelt und ermöglicht Reich Techniken, die den Status von Quellenmaterial betonen. So bleiben Tonhöhe und Abspielgeschwindigkeit der Sprachsamples in *Different Trains* unverändert. Das Material erscheint in seiner unveränderten Gestalt und wird im Stück kompositorisch akkurat platziert. Die Samples stammen aus Interviews mit Zeitzeug*innen und beziehen sich analog zu den Satzbezeichnungen auf „America – Before the War", „Europe – During the War" und „After the War". Die Anordnung dieser drei Sätze setzt unterschiedliche Referenzen zum Zugfahren in Bezug zueinander – von amerikanischer Aufbruchstimmung bis zu Deportationen im Nationalsozialismus. Den unveränderten Quellenstatus der Samples behält Reich bei. Sie werden zwar vom Streichquartett melodisch imitiert und rhythmisch platziert, bleiben im Übrigen jedoch unbearbeitet. Der außermusikalische Inhalt behält trotz eines hohen Grades an erkennbarer kompositorischer Arbeit stets seine Dominanz über das Innermusikalische. Entsprechend dieser formalen Klarheit wird *Different Trains* in der Literatur mitunter als Beispiel für eine musikalische Entmystifizierung von Geschichte gewertet:

> In *Different Trains* Reich turns to one of the fundamental questions posed by the Holocaust: How is it possible that the same music can be enjoyed by both oppressed and oppressor? At the end of the work the voice of the Holocaust survivor Rachella describes how ‚There was one girl, who had a beautiful voice, and they loved to listen to the singing, the Germans, and when she stopped singing they said, ‚More, more' and they applauded.' By placing this text at the end of *Different Trains* Reich demands that we recognize that the people who carried out the Final Solution were ordinary men

[59] Fox 1972, S. 4.

and women, not just the inhuman executioners simplistically constructed by popular myth.[60]

Reich verfolgt also eine ästhetische Strategie, die nicht primär darauf zielt, das Material in seiner historisch-übermenschlichen Bedeutung zu beglaubigen. Stattdessen führt die Anordnung von als authentisch angenommenen Sprachsamples zum Abbau jenes verklärenden Pathos', das oftmals Quellenmaterial aus dem Umkreis des Holocausts umgibt – gerade weil dieser so unfassbar scheint. In diesem Bemühen dokumentiert Reich das menschliche Subjekt: „Reich's tape manipulations serve to concentrate the humanness of the person recorded, rather than offering an impersonalized kind of ‚music'."[61] Dieses Verfahren ist in den *Three Tales* noch stärker. Hier wenden Steve Reich und Beryl Korot diverse kompositorische und multimediale Verfahren an, die das Stück vom Material distanzieren.

„A documentary digital video opera"

Three Tales von Steve Reich und Beryl Korot (Komposition 1998–2002, UA 2002) ist, ähnlich wie *The Cave* (1990–1993), „a documentary digital video opera"[62]. Aufgeteilt in drei disparate Teile vergegenwärtigt jeder dieser Teile „three well known events from the early, middle and late 20th century, Hindenburg, Bikini, Dolly. Each of these reflects on the growth and implications of technology during the 20th century from early air transport to the current ethical debate on the future of our species."[63] Der inhaltliche Anspruch der *Three Tales* ist der einer latenten Technologiekritik. Entsprechend wählen Reich und Korot Verfahren, mit denen das dokumentarische Material, das durch den großen Technikoptimismus des 20. Jahrhunderts geprägt ist, immer wieder infrage gestellt wird. So beschreibt Beryl Korot:

---

60 Ebd., S. 8.

61 Ashby 2005, S. 256.

62 Steve Reich: „Three Tales – a documentary digital video opera." Entn. *Steve Reich*, <http://www.stevereich.com/threetales_info.html>, letzter Zugriff: 13.05.2017.

63 Ebd.

> Im Lauf der Arbeit habe ich auch gewisse Techniken entwickelt, um eine Distanz zum dokumentarischen Ausgangsmaterial herzustellen. In ‚Bikini' zum Beispiel habe ich aus dem Originalfilmmaterial über die Inselbewohner Standbilder gemacht, diesen Standbildern etwas Malerisches gegeben und dann dafür eine andere Bildfrequenz als die übliche von 30 Bildern pro Sekunde gewählt. Das lässt ein ganz anderes Gefühl als sonst bei Zeitlupe entstehen und rückt das Dokumentarmaterial in einen neuen Zusammenhang – eine Absicht, die sich durch die ganze Arbeit zieht.[64]

Diese Technik, die das dokumentarische Material verzerrt und demnach deauthentifiziert, vollzieht Steve Reich innermusikalisch mit. Analog zu seinem bereits beschriebenen Verfahren, Sprachsamples als melodisch-rhythmisches Ausgangsmaterial zu nutzen, beschreibt er für die Oper zwei weitere Techniken im Umgang mit dokumentarischem Material:

> Die eine Technik nenne ich Zeitlupensound: Sie erlaubt es, etwas Gesprochenes oder einen anderen Ton langsamer zu bringen, ohne dass sich Tonhöhe oder Klangfarbe ändern. Die andere Technik entspricht dem Standbild im Film. Während einer der Interviewpartner auf dem Video spricht, wird ein einzelner Vokal so lange gehalten, bis er zu einer Art hörbaren Dampfspur und letzten Endes Teil der Harmonie wird. Gemeinsam mit dem Vokal erfährt auch das, worüber der Interviewpartner spricht, der Gedanke selbst, eine Verlängerung in das Folgende hinein, was natürlich eine Intensivierung dessen bedeutet, was in unserem Leben mit Worten und Gedanken geschieht.[65]

Entsprechende Verfahren ziehen sich durch das ganze Werk. Eines der auffälligsten ist dabei die rhythmische Koppelung von Text beim Erscheinen auf der Leinwand, so bereits ersichtlich zum Beginn des ersten Teils der Oper: „Hindenburg". Das Quellenmaterial von „Hindenburg" besteht vor allem aus Text- und

---

64 Kölner Philharmonie [Hg.]: *Beryl Korot & Steve Reich, Three Tales*, Prog. Red. Sebastian Loelgen. Köln: Kölner Philharmonie, Spielzeit 2010/2011, Konzert am 13.06.2011. S. 33.

65 Ebd., S. 33f.

Videoquellen von der Konstruktion des gleichnamigen deutschen Luftschiffs über dessen Atlantiküberquerung bis zu seinem Unfall in Lakehurst, New Jersey 1937. Zu Beginn zeigt die Videoprojektion einen Ausschnitt des Covers der New York Times vom 07.05.1937 – jedoch zunächst ohne Schrift. Mit dem Beginn der Musik füllt sich auf Percussionschläge Wort für Wort das Cover mit der Originalüberschrift „Hindenburg burns in Lakehurst crash."[66] Diese genaue Parallelität zwischen Rhythmik und Textpräsentation im Video wird fortan im ganzen Werk zu finden sein und ist in der Partitur akkurat mit der Vortragsbezeichnung „drum out" notiert: Die Percussionschläge sind also Impulse für das Erscheinen von Text. Das Dokument, aus dem der zu sehende Text entlehnt ist, wird gleichzeitig präsentiert und einer musikalischen Ordnung unterworfen. Die Musik scheint die einzelnen Worte des Dokuments zum Erscheinen zu bringen und fragmentiert sie. Damit verändert sich der Status der Quelle. Sie wird nicht als historisch wahr beglaubigt, weil sie in ihrer visuellen Erscheinung einer rein musikalischen Logik unterworfen ist; die statische Form eines Dokuments wird in Prozessualität überführt. Außerdem stellt das schlagweise Erscheinen einzelner Worte der Überschrift geradezu aus, dass massiv Bildbearbeitung vorgenommen wurde; auch dies ein Zeichen für eine verminderte Beglaubigung einer Quelle.

Der Text schreitet fort, das Pattern des Textausschnitts „It could not have been a technical matter" wird etabliert. Schnell tritt eine zweite rhythmische Spur hinzu, die das exakt gleiche Pattern um ein Achtel verschoben spielt. Es handelt sich um die für Reich typische Phasenverschiebung auf rhythmischer Ebene.

Die Videoprojektion zeigt derweil ebenfalls zwei Exemplare des besagten Zeitungsausschnitts und markiert visuell die Phasenverschiebung um ein Achtel, was einer Silbe entspricht. Sie überdecken einen weiteren Zeitungsausschnitt, in dem sich der deutsche Botschafter zu den Geschehnissen äußert. Der Text „it could not have been [...]" wird daraufhin von erst einem, dann zwei Tenören gesungen, auch hier inklusive der Phasenverschiebungen, wodurch sich die Wortakzente ändern, bspw. von „it could **not** have been a technical matter" zu „**it** could not have been [...]".

Reich und Korot wenden also zunächst das von Reich vielfach erprobte musikalische Prinzip der Phasenverschiebung auch auf Text und Video an. Dadurch überlagern sich gleiche Textausschnitte an verschiedenen Stellen. Der Dokumen-

---

66 Steve Reich/Beryl Korot: *Three Tales*. London: Boosey & Hawkes, 2002.

tenstatus des Texts wird infrage gestellt, indem die musikalischen Überlagerungen des Texts zu scheinbar zufälligen Verdichtungen und Unverständlichkeiten führen. Dass das Gleiche parallel erzählt wird, vermindert den hohen Status von Festigkeit, den eine als authentisch angenommene Quelle normalerweise aufweist.

Sobald Sprachaufnahmen auf den Plan treten, greift wieder Reichs typischer Umgang mit der instrumentalen Imitation von Sprachmelodie. Alex Ross erinnert diese Technik in den *Three Tales* an „Janáček's assimilation of ordinary Czech conversation in operas such as *Jenůfa* and *The Cunning Little Vixen*; in Reich, as in Janáček, speech-melody creates an extraordinary transparency, so that whatever voice or mood or psychology is under examination hovers right in front of you."[67] In „Hindenburg" ist jedoch nicht durchgängig klar, ob immer ein Sample der melodische Ausgangspunkt für kompositorische Entwicklungsarbeit ist. Nicht immer ist ein Sample einem Pattern zugeordnet, häufig könnte es sich auch um ein erfundenes rhythmisch-melodisches Muster handeln, das kompositorisch genauso behandelt wird wie eindeutiges Material aus Sprachsamples. Durch diese Unzuverlässigkeit verliert sich der feste Dokumentenstatus. Denn Wahrheit ist in den *Three Tales* keine feste Kategorie; im Umgang mit Quellenmaterial wird das Narrative von Geschichte sichtbar – die Festigkeit historischer Ereignisse wird zur subjektiven Erzählung. Dazu gehört auch die bereits erwähnte (auch sichtbar gemachte) Überlagerung von identischen Gesangslinien durch Phasenverschiebungen. Korot verschiebt simultane Videos nicht nur zeitlich, sondern präsentiert auch Ausschnitte des Materials. Weil das Quellenmaterial, analog zur Musik, zeitlich verschoben und in zeitlich minimal verschiedenen Varianten erscheint, wird historische Wahrheit als Anordnung von Varianten erzählt, quasi als Erzählung des Gleichen in verschiedenen Möglichkeiten. Welche Variante Gültigkeit besitzt, bleibt unklar.

Der zweite Teil, „Bikini", „is based on footage, photographs, and text from the Atom bomb tests at Bikini atoll in 1946–1954. It also tells of the dislocation and relocation of the Bikini people, living totally outside the Western world which determined their fate."[68] Im Gegensatz zu „Hindenburg", das einer chronologischen Ordnung folgt, besteht „Bikini" aus drei „image/music blocks that recur in

---

67 Alex Ross: „Opera as History." In: *The New Yorker*, 06.01.2003. S. 86–87.

68 Steve Reich/Beryl Korot: „Three Tales. Libretto." Entn. *Steve Reich*, <http://www.stevereich.com/threetales_lib.html>, letzter Zugriff: 06.07.2001.

a nonstop cycle repeated three times forming a kind of cyclical meditation on the documentary events."[69] Das aus „Hindenburg" bereits bekannte Verfahren von Textpräsentation auf Schlag (drumming-out text), setzt sich hier fort. Während sich in „Hindenburg" jedoch permanent der feste Dokumentenstatus zugunsten der Narration von historisch möglichen Varianten verringert, findet sich in „Bikini" eine formale Trennung von Dokumentenpräsentation und Ausdeutung. Bspw. erklingt zunächst, spärlich begleitet, ein Originalsample mit dem Text „tell them please that the United States gouvernment".[70] Das Sample bricht mitten im Satz ab und wird abgelöst von einem diatonisch absteigenden Achtelmotiv in den Streichern – eine Art meditatives Leitmotiv, das sich durch „Bikini" zieht. Danach kommt es in den Klavieren und Vibraphonen zum altbekannten ‚drumming out' von Text. In diesem Fall rhythmisch parallel zur Musik und nur auf der Videoprojektion sichtbar: „G-d[sic!] created them" – ein Zitat aus der Genesis.

Indem Reich und Korot also das Originalmaterial, eine rein musikalische Ausdeutung sowie die audiovisuelle Kontextualisierung, trennen, werden diese unterschiedlichen Teile nach ihrem (vermeintlich) objektiven bzw. subjektiven Gehalt unterschieden und profiliert. Das Originalmaterial (das Sample) steht jedoch in keiner Hierarchie zu den anderen Formteilen. Es erklingt als gleichwertiger Bestandteil in einer Anordnung unterschiedlicher Patterns. Diese Trennung steht aber in Widerspruch zu einem Ideal von Musiktheater, das das Genre seit seiner Erfindung begleitet – nämlich das einer formal-medialen Einheit. Diese Einheit wird in der Oper bspw. als Gesamtkunstwerk, organisches Kunstwerk oder Hypermedium bezeichnet – hinter all diesen Begriffen steht ein rezeptionsseitiges Einheitsmoment, wie es auch dem Film immer wieder attestiert wird.[71] Reich und Korot brechen diese Einheit auf und ermöglichen damit eine Zuschauer*innenerfahrung, die den gattungsimmanenten Illusionismus deutlich problematisiert.

Immer wieder finden sich Passagen, in denen Text nicht nur parallel rhythmisch begleitet bzw. hervorgebracht wird, sondern die beiden Vibraphone diesem Rhythmus auch melodische Gestalt geben. Dadurch bildet sich eine Art implizi-

---

[69] Ebd.

[70] Reich/Korot 2002 (Partitur), S. 118.

[71] Vgl. auch: Matthias Rebstock: „Analyse im neuen Musiktheater – Diskussion interdisziplinärer Ansätze." In: *Diskussion Musikpädagogik*, Jg. 2003, Ausg. 18 (2003), S. 26–32. S. 28.

ter Gesang: Man sieht rhythmisch hervorgebrachten Text und hört dazu distinkte Tonhöhen; in den Köpfen, quasi den inneren Ohren des Publikums, verbindet sich beides.[72] Reich und Korot zerlegen Vokalgesang also in seine strukturellen Bestandteile Text und Melodie und verlagern die (Wieder-)Zusammensetzung dieser Elemente weg von der Bühne. Dieses Verfahren legt die Struktur von Musiktheater als intermediale Anordnung offen und ist damit ein reflexives Moment im Umgang mit dokumentarischem Material. Das Hypermedium Musiktheater wird zu einer Schichtung der Medien Text, Musik und Video; das Gesamtkunstwerk wird fragmentiert.

Natürlich gibt es in den *Three Tales* auch Verfahren, die den Quellenstatus des Materials betonen. Gerade in „Bikini" finden sich wiederholt Momente, an denen die Stimme des ‚Film-Makers' neue Aufnahme-Takes ansagt, die Generierung von Filmmaterial also thematisiert wird. An anderer Stelle wird vom Tenor ein Zitat aus der New York Times gesungen, das von den Aufnahmen berichtet: „Five hundred photographers, seven hundred cameras and half the world's supply of film."[73] Durch die Auswahl dieser Ausschnitte machen Reich und Korot die Generierung des Filmmaterials aber nicht nur sichtbar, sondern beglaubigen es als authentisch. Dieser Widerspruch ist typisch für die *Three Tales*. Einerseits geben sich Reich und Korot große Mühe, Distanz zum Dokument herzustellen, andererseits sorgt gerade diese Strategie der Transparenz für eine Beglaubigung des Materials, weil es damit schon durch die Künster*innen verifiziert scheint.

„Dolly", der dritte Teil der *Three Tales*, unterscheidet sich schon im Material bedeutend von „Hindenburg" und „Bikini". Das Videomaterial stammt zu großen Teilen aus zeitgenössischen Interviews mit bedeutenden Persönlichkeiten aus der wissenschaftlichen und religiösen Community. Vor allem hier treten Reichs bereits beschriebene Verfahren des „slow motion sounds"[74] und des „freeze frame sounds"[75] am deutlichsten auf. Sie sorgen dafür, dass Sprachaufnahmen (und analog auch das dazugehörige Videomaterial) zu Musik werden. Es handelt sich erneut um Distanzierungstechniken zum Originalmaterial, die insbesondere nötig sind, weil die Interviews in „Dolly" vor allem zu Beginn als Videoausschnitte er-

---

72 Vgl. Reich/Korot 2002 (Partitur), S. 205.

73 Reich/Korot, *Three Tales. Libretto*.

74 Reich o.J., *Three Tales* (Website).

75 Ebd.

scheinen und zwar musikalisch begleitet, aber nicht in den musikalischen Zusammenhang eingebettet werden. Ihr Status als unverfälschtes Dokument ist also besonders stark; entsprechend avanciert sind auch die Techniken, die dieses Material zur Musik werden lassen und damit die Sprache ihrer Semantik berauben, sodass Sprache final zur Musik wird und ihr Inhalt verloren geht. Diese Bewegung vollzieht „Dolly" auch über den Konnex von Wissenschaft und Religion. Inhaltlich und musikalisch-visuell ergeben sich (wie bereits in den beiden vorigen Teilen der *Three Tales*) Fragen nach der Hybris des Menschen im Rahmen des technologischen Fortschritts. Der vermeintlich objektiven Sphäre des Dokumentarischen steht die Religion als ein nicht objektivierbarer Störfaktor gegenüber, etwa wenn die ganze Oper von Zitaten aus der Genesis durchsetzt ist.

Insgesamt wenden Reich und Korot in den *Three Tales* also, ausgehend vom jeweiligen Material, verschiedene Techniken an, die den Nimbus des Authentischen brechen. Der objektive Gehalt dokumentarischen Materials wird, analog zum Titel, zum subjektiven Erzählen von ‚Tales' – Geschichten, Erzählungen. Was die ‚Tales' dennoch eint, ist, abseits des Religiösen, in allen drei Stücken eine Art Leitmotivtechnik:

> Several leitmotivs move through all three sections: the low hum of the Hindenburg's engines becomes the roar of a B-29 bomber named Dave's Dream, and the ominous drone recurs in the final section, as Reich and Korot present fragments of interviews with an array of scientific experts, some of whom are straight-facedly discussing the possibility of a superhuman race of clones.[76]

Dabei bleibt das Material stets als Material erkennbar. Reich und Korot profilieren die Oper als Anordnung von Material, ohne dieses durch künstlerische Transformationsprozesse unsichtbar werden zu lassen. Seine Authentizität wird also grundsätzlich in einem Modus von Präsentation und Anordnung beglaubigt – die meisten Strategien zielen jedoch darauf ab, diese Beglaubigung zu brechen. Reich und Korot folgen also grundsätzlich einer Strategie der Selbstbezichtigung.

---

[76] Ross 2003.

6. John Adams, *Doctor Atomic*

Stehen Steve Reichs Arbeiten mit dokumentarischem Material in einer Avantgarde-Tradition, in der das Material die kompositorische Faktur nicht nur beeinflusst, sondern grundlegend bedingt, so ist John Adams' *Doctor Atomic* (UA 2005) große Oper im klassisch-romantischen Sinn. Diese Opernform erschwert die Präsentation von dokumentarischem Material grundsätzlich, weil sie als Verquickung von Drama und Musik tradiert ist, also als weitestgehend fiktiv und eigengesetzlich gilt. Das Libretto von Peter Sellars, gleichzeitig auch Regisseur der Uraufführung in San Francisco, folgt entsprechend auch einer klassischen Erzählform: Kunstgesang über Orchesterbegleitung innerhalb einer latenten Nummerndramaturgie, inklusive tradierter Formen wie Arien und Chöre – eine Form, die John Adams u. a. bereits in seinen Opern *Nixon in China* (UA 1987) und *The Death of Klinghoffer* (UA 1991) angewandt hatte. Diese beiden Werke behandeln ebenfalls historische Ereignisse der jüngeren Vergangenheit und sind trotzdem kein historisch akkurater Nachvollzug von Richard Nixons Besuch in China 1972 bzw. des Mordes an Leon Klinghoffer durch die Palästinensische Befreiungsfront 1985. Entsprechende Werke – klassische Opern mit tagespolitischer Relevanz, die bis in die Gegenwart reicht – werden mitunter als CNN-Opern, gelegentlich auch als Newsreel-Opern bezeichnet. *Nixon in China* und *The Death of Klinghoffer* sind trotz des unvermeidbaren Einflusses durch Originalquellen im Rechercheprozess der Librettistin Alice Goodman keine Werke mit genuin dokumentarischem Anspruch, denn (durchaus mögliche) historische Genauigkeit oder eine Integration von Quellenmaterial werden durch die Transformation ins Musikalische tendenziell nivelliert. Musik ist hier im typischen Opernsinn eine Artifizierung des Texts. Beglaubigungsstrategien, die dem entgegenwirken könnten, gibt es nur spärlich. Nun scheint *Doctor Atomic* durch John Adams' auffälligen Personalstil, der maßgeblich von Minimal Music geprägt ist, diesen beiden Werken sehr ähnlich. Was macht *Doctor Atomic* zur Oper mit dokumentarischem Anspruch?

Vom Material zum Libretto

Die Oper besteht aus zwei Akten und beschreibt die Ereignisse vor dem bzw. bis zum ersten Atombombentest am 01.07.1945 in New Mexico, ausgehend von der Figur Robert Oppenheimers, und verhandelt moralische, aber auch psychologische Fragen. Peter Sellars Libretto enthält maßgebliche Anteile an dokumentarischem Material, literarische Vorlagentexte treten jedoch viel deutlicher zutage als dokumentarische. Denn während literarische Texte (wie die Übersetzungen des hinduistischen Gedichts *Bhagavad Gita* oder von Baudelaires Gedicht *Un hémisphère dans une chevelure*) längere, wortwörtliche und als poetischer Fremdtext erkennbare Passagen sind, werden die dokumentarischen Vorlagen stets im literarischen Text des Librettos aufgelöst.[77] Ein Beispiel:

Doctor Atomic, 1. Akt, 1. Szene[78]	*Atomic Energy for Military Purposes (The Smyth Report)*[79]
Chorus We believed that **matter can be neither created nor destroyed but only altered in form.** We believed that **energy can be neither created nor destroyed but only altered in form.**	1.2. There are two principles that have been cornerstones of the structure of modern science. The first – that **matter can be neither created nor destroyed but only altered in form** – was enunciated in the eighteenth century and is familiar to every student of chemistry; it has led to the principle known as the law of conservation of mass. The second – that **energy can be neither created nor destroyed but only altered in form** emerged in the nineteenth century and has ever since been the plague of inventors of perpetual-motion machines; it is known as the law of conservation of energy.

77 Vgl. Robert Warren Lintott: *The Manipulation of Time Perception in John Adams's ‚Doctor Atomic'*. Masterarbeit. College Park: University of Maryland, 2010. S. 29f.

78 John Adams: *Doctor Atomic. Libretto.* Karlsruhe: Badisches Staatstheater, 2014. <http://spielzeit1314.staatstheater.karlsruhe.de/media/libretto/Doctor%20Atomic%20amerik_deutsch.pdf>, letzter Zugriff 01.07.2017.

79 Henry DeWolf Smyth: *Atomic Energy for Military Purposes (The Smyth Report).* Entn. <http://www.atomicarchive.com/Docs/SmythReport/index.shtml>, letzter Zugriff 23.06.2017.

But now we know that **energy may become matter,** and now we know that **matter may become energy** and thus be altered in form.	1.3. These two principles have constantly guided and disciplined the development and application of science. For all practical purposes they were unaltered and separate until some five years ago. For most practical purposes they still are so, but it is now known that they are, in fact, two phases of a single principle **for we have discovered that energy may sometimes be converted into matter and matter into energy.** [...]

Sellars nutzt den Smyth-Report – den offiziellen Bericht der US-Regierung zum Kernwaffenprojekt von 1944 – also einerseits, um direkte Zitate zu extrahieren und kennzeichnet diese auch durch Anführungszeichen. Dem Publikum erschließt sich dieses Zitat womöglich über Übertitel oder das Mitlesen des Librettos, musikalisch macht Adams aber keinen Unterschied zwischen direkten und indirekten Zitaten, die sich beide im obigen Abschnitt finden. Denn das Libretto zielt hier nicht auf einen dokumentarischen Gestus, in dem der Smyth-Report beglaubigt oder als sichtbare Quelle eingebettet wird. Nach der obig zitierten Passage wird es mit folgenden Worten fortgesetzt: „The end of June 1945 finds us / expecting from day to day / to hear of the explosion / of the first atomic bomb / devised by man.“[80] Der Smyth-Report, dezidiert ein Bericht für die Öffentlichkeit, wurde jedoch nach den Atombombenabwürfen auf Hiroshima und Nagasaki am 6. bzw. 9. August 1945 freigegeben. Er konnte für eine spannungsgeladene Erwartungsstimmung vor dem ersten erfolgreichen Atombombentest, wie in der Oper impliziert, folglich keine Rolle spielen. Dieser freie Umgang des Librettos ist mitunter typisch für *Doctor Atomic*: Großes Bemühen um inhaltlich angemessenen Umgang mit dokumentarischem Material, wenig Beglaubigung dessen und wenig quellenkritische Genauigkeit im Detail.

Ein wenig anders verhält es sich, wenn die Präsentation als Quelle in das Bühnengeschehen integriert ist, etwa wenn Teller einen Brief von Szilard liest:

[80] Lintott 2010, S. 34.

Doctor Atomic, 1. Akt, 1. Szene[81]	Szilard petition, cover letter, July 4, 1945[82]
Teller & Men's chorus (reading Szilard's letter)	
Many of us are inclined to say that individual Germans share the guilt for acts which Germany committed during this war because they did not raise their voices in protest against those acts. Their defense that their protest would have been of no avail hardly seems acceptable, even though these Germans could not have protested without running risks to life and liberty.	[...] Many of us are inclined to say that individual Germans share the guilt for the acts which Germany committed during this war because they did not raise their voices in protest against these acts. Their defense that their protest would have been of no avail hardly seems acceptable even though these Germans could not have protests without running risks to life and liberty.
We scientists, working on 'atomic power', are in a position to raise our voices without such risks, even though we might incur the displeasure of those who are at present in charge.	We are in a position to raise our voices without incurring any such risks even though we might incur the displeasure of some of those who are at present in charge of controlling the work on atomic power.
The people of the United States are unaware of the choice we face. And this only increases our responsibility in this matter. We alone who have worked on ‚atomic power' — we alone are in a position to declare our stand.	The fact that the people of the people of the United States are unaware of the choice which faces us increases our responsibility in this matter since those who have worked on „atomic power" represent a sample of the population and they alone are in a position to form an opinion and declare their stand. [...]

81 Adams, *Doctor Atomic. Libretto, S.* 4

82 Leo Szilard: *Szilard petition, cover letter, July 4, 1945*. Entn. <http://www.dannen.com/decision/4507-04.html>, letzter Zugriff 29.06.2017.

Das Libretto markiert diese gesamte Passage als Zitat. Tatsächlich finden sich aber auch hier mitunter deutliche Abweichungen zur Parallelstelle, die sich jedoch den Notwendigkeiten einer musikalischen Faktur zuschreiben lassen. Im szenischen Zusammenhang diskutieren Oppenheimer, Teller und Wilson diesen Brief. Oppenheimer findet es unanständig, dass ein Wissenschaftler sein Renommee für politische Aussagen missbraucht, Wilson hält dagegen und antwortet mit einem (nicht als Zitat markierten) wörtlichen Zitat, das wiederum aus dem achten Kapitel des Smyth-Reports stammt. Wilson hebt die gesellschaftliche Relevanz dieser Debatte hervor: „These questions are not technical questions, / but political and social questions, / and the answers given to them / may affect all mankind for generations. "[83] Smyths Zitat erscheint also als persönliche Meinung Wilsons; die Quellenlage ist für das Publikum nicht ersichtlich. In *Doctor Atomic* wechseln sich also direkte, latent nachvollziehbare Quellenentnahmen mit undurchschaubaren ab. Das dokumentarische Material durchzieht die Oper umfassend, sein Dokumentenstatus löst sich im Werkzusammenhang aber beinahe komplett auf. Der für dokumentarisches Theater so typische, oft beinahe wissenschaftliche Habitus im Umgang mit Quellen wird höchstens zu einem kaum verifizierbaren Gefühl von Authentizität. Das liegt auch daran, dass die dokumentarischen Quellen, abgesehen von gelegentlichen Anführungszeichen im Libretto, nicht als solche erkennbar werden. Ganz anders geht Adams mit dem zweiten großen Quellenkomplex, literarischen Fremdtexten, um. Dokumentarische Quellen sind vor allem „used for scientific scenes, while the sources identified as ‚poetic and literary' are utilized for intimate scenes. Sellars treats documentary sources as immutable facts that cannot transcend the boundaries of time: they are always used to represent the ‚now' in *Doctor Atomic.*"[84]

Auch die literarischen Quellen sind nicht markiert. Sie weichen jedoch, anders als die dokumentarischen Quellen, in ihrer Sprache so stark von der gehobenen Alltagsprosa des sonstigen Librettos ab, dass sie als Fremdtexte sichtbar werden. So ist Oppenheimers Arie am Ende des ersten Akts „Batter my heart" eine komplette Vertonung von John Donnes gleichnamigem Sonett. Yayoi Uno Everett hat darauf hingewiesen, dass poetische Zitate vermehrt in den Frauenrollen auftauchen, die innerhalb einer häuslichen, dezidiert privaten und unwissenschaftlichen

83 Adams, *Doctor Atomic. Libretto.* S. 5.

84 Lintott 2010, S. 34.

Lebenswirklichkeit ihren Platz haben.[85] Sie beschreibt die poetischen Zitate in den Frauenrollen als „prophetic voices"[86], die ein Kippen der Oper ins Mythologische vorbereiten:

> To sum up, the libretto for *Doctor Atomic* is structured so that the main characters speak through the voice of a historical or mythological Other. Notably, Oppenheimer maps onto Goethe's *Faust* and Kitty embodies Goethe's concept of ‚ewig Weibliche.' […] The women also sing lines from poetry by Rukeyser, and the voice of an agonized romantic, seeking fulfilment through identification with political and spiritual ideals, is projected through them. In the approach to the countdown, the objective and pragmatic voices of the scientists openly collide with the subjective pleas of the women and servants. […] Overall, these refracted textual sources articulate the transference of dramatic opposition from the level of individual strife (e. g., Oppenheimer, Wilson, Kitty) to that of cosmic/mythological strife (e. g., Arjuna and Vishnu, Faust, Cassandra) […].[87]

Diese mythologische Ebene bewirkt grundsätzlich eine zweite Bewegung der Oper, weg vom Gestus des Dokumentarischen. Das Dokumentarische ist dramaturgischer Funktionsträger und entspricht dem vergeblichen Ringen der Wissenschaftler um Objektivität, das sich ins Mythologische auflöst, sobald die menschübersteigende Gewalt der Atombombe konkret wird. Dass die poetischen Zitate dabei einfacher auszumachen sind als Zitate aus dokumentarischen Quellen, verkehrt die typischen Rezeptionsvorgänge von Poesie und Dokument ins Gegenteil: Das Poetische wird fasslich und in seiner Gestalt greifbar, das Dokumentarische diffus und seine Differenz zum Fiktionalen kaschiert. Der technische Bau einer Atombombe wird zum Mythos verklärt; das Changieren zwischen Dokumentarischem und Poetischem ist eins der zentralen dramaturgischen Prinzipien des Werks:

---

85 Vgl. Yayoi Uno Everett: *Reconfiguring Myth and Narrative in Contemporary Opera*. Bloomington: Indiana University Press, 2015. S. 130ff.

86 Ebd., S. 131.

87 Ebd., S. 133f.

> While other contemporary operas have drawn on a documentary aesthetic to varying degrees [...] in *Doctor Atomic* the found and poetic texts of the libretto blur the distinction between documentary and fiction. As a documentary opera, *Doctor Atomic* stretches an already increasingly elastic theatrical tradition through its infusion of poetic texts into an otherwise historical document-based libretto.[88]

Musik als Verklärung?

Der erste Akt von *Doctor Atomic* beginnt mit einer elektronischen Zuspielung. „Seemingly aimless introductory noise bleeds from one sound into the next, evoking the sense of a sputtering radio in a barren post-apocalyptic landscape, broadcasting random sounds from a self-destroyed civilization."[89] Ähnliches gilt für den zweiten Akt und den Schluss der Oper. Diese Abschnitte bestehen (mindestens zu wesentlichen Teilen) aus vorher aufgenommenen Klängen und werden in der Forschung mitunter als Beispiel für den Einfluss der *Musique concrète* in Adams' Oper beschrieben.[90] Zunächst ist damit keine dokumentarische Praxis im engeren Sinn verbunden – schließlich ist der Ansatz der *Musique concrète* hinsichtlich vorher aufgenommenen Materials keine beglaubigende Haltung. Adams rahmt so die Oper durch ein potenziell lebenswirkliches Klangspektrum. Das Ideal einer innermusikalisch selbstbegründenden Faktur, die sich im Rest der Oper einlöst, wird gebrochen. Ryan Scott Elbright plädiert in diesem Zusammenhang dafür, diese elektronische Rahmung als Abbau von Zuschauerdistanz zu interpretieren:

> Placing electronic sound alone at the beginning of both acts and the conclusion of the opera, Adams privileges and foregrounds electronic sound; digital sound, not the orchestra, sets the tone for the work and occupies its final moments. In the same way that the proscenium arch of the theater

---

88 Ryan Scott Ebright: *Echoes of the Avant-Garde in American Minimalist Opera*. Dissertation, Chapel Hill: University of North Carolina, 2014. S. 212f.

89 Ebd., S. 196.

90 Nick Collins/Margaret Schedel/Scott Wilson: *Cambridge Introductions to Music: Electronic Music*. Cambridge: Cambridge University Press, 2013. S. 165.

provides a framing device for the visual presentation of the story, the sections of *Musique concrète* frame the sonic presentation of *Doctor Atomic*. In transitioning from proscenium-based sound reinforcement in the first act to a surround sound environment in the second, then, Adams collapses the aural boundary imposed by the proscenium and metaphorically transports the audience into the opera's story.[91]

Ein anderes Verfahren von Adams ist die innermusikalische Aufladung des Werks mit Bezügen zu den historischen Figuren. Ryan Elbright hat darauf hingewiesen, dass „the bell-like chords played by harp and celesta [...] at the end of *Doctor Atomic* are modeled on those that appear at the end of Stravinsky's *Requiem Canticles* – coincidentally, a work which Oppenheimer explicitly requested to have performed at his own funeral."[92] Weiterhin finden sich in *Doctor Atomic* Zitate wie Wagners Tristan-Akkord, Allusionen an Ligetis *Atmospheres*, Debussys *Pelléas et Mélisande*, Wagners *Walküre* und Orffs *Carmina Burana*.[93] Entsprechende Referenzen evozieren gelegentlich eine ironische Distanz der Musik zum Gesagten und kommentieren damit den dokumentarisch aufgeladenen Text, dienen zumindest jedoch einer klassischen ästhetischen Aufladung und helfen, Oppenheimer als Faust des 20. Jahrhunderts zu zeichnen.

Robert Lintott hat nachgewiesen, dass John Adams in *Doctor Atomic* verschiedene Techniken einsetzt, um die Erzählzeit der Oper mit der erzählten Zeit kollidieren zu lassen.[94] Dafür ist auch besagte Korrespondenz zwischen dokumentarischen und literarischen Texten verantwortlich. Laut Lintott wird durch dokumentarische Texte die Bühnenhandlung im Jahr 1945 verortet, während literarische Texte immer wieder eine Art Zeitlosigkeit herbeiführen.[95] Dabei handelt es sich um ein grundsätzliches Wesensmerkmal von Oper. Nirgendwo wird „die Affinität der Oper zum Unwirklichen deutlicher sichtbar als in ihrem manipulativen Umgang mit der Zeit."[96] Dadurch, dass Adams die Zeitwahrneh-

---

91 Elbright 2014, S. 196.

92 Everett 2015, S. 152f.

93 Ebd., S. 145f.

94 Vgl. Lintott 2010, S. 25ff.

95 Ebd., S. 77.

96 Abbate 2013, S. 38.

mung der Oper anhand der Vorlagentexte auch kompositorisch unterscheidet, etabliert er eine spezifische Zeit-Semantik für dokumentarisches Material und findet zu einer Form dokumentarischer Oper, in der das Quellenmaterial zwar nicht präsentiert wird, sich aber innerhalb einer kompositorischen Logik spezifisch auswirkt.

Insgesamt ist *Doctor Atomic* also ein ambivalenter Fall für das dokumentarische Musiktheater. Die immense Aufladung der Oper mit dokumentarischem Material führt zweifellos dazu, dass dramaturgische Strategien entwickelt werden, die eine vermeintlich objektive Sphäre von einer subjektiven trennen, eine wissenschaftliche von einer privaten, eine zeitlich verortete von einer zeitlosen, eine dokumentarische von einer literarischen. Damit reagiert das Werk in seiner Form auf die Materialität der verwendeten Quellen und thematisiert dadurch ihren Status. Andererseits steht die kompositorische Anlage in der Tradition klassisch-romantischer Oper und die Materialität von Quellen wird im Rahmen eines emphatischen Musikbegriffs tendenziell kaschiert. *Doctor Atomic* basiert außerdem auf Quellen, deren Status als Dokumente für die Komposition nicht immer zwingend ist. Das Libretto geht mitunter enorm frei mit ihnen um und transformiert sie gemeinsam mit Erfundenem und literarischen Quellen zu einem Text, dessen literarische Eigengesetzlichkeit einen radikal-dokumentarischen Ansatz für den Komponisten erschwert. Das Verdienst von *Doctor Atomic* ist keine Auseinandersetzung mit der Beglaubigung von Quellen, sondern eine Auseinandersetzung mit jüngerer Geschichte in Form einer großen, an Operntraditionen anschlussfähigen Oper, in der dokumentarische Arbeit einen wesentlichen Platz hat. Letztlich werden Zitate und Quellenentnahmen aber gemäß der musikdramatischen Pragmatik und nicht-quellenkritisch eingesetzt.

7. Ted Hearne, *The Source*

The Source, UA 2014 an der Brooklyn Academy of Music, ist ein „modern-day oratorio; a patchwork of American primary-source texts from 2005–2010."[97] Das Libretto besteht zu wesentlichen Teilen aus den sog. „Iraq War Logs" bzw. dem „Afghan War Diary".[98] Diese vertraulichen Dokumente hatte die Whistleblowerin Chelsea Manning (damals Bradley Manning) an die Plattform WikiLeaks übergeben, weswegen sie zu 35 Jahren Freiheitsstrafe verurteilt wurde, die ihr Barack Obama im Januar 2017 erließ, bis sie im März 2019 wieder inhaftiert wurde. *The Source* setzt sich dokumentarisch mit den Leaks und der Person Mannings auseinander, dabei vor allem mit der unüberschaubaren Menge der veröffentlichten Dokumente. Während der Aufführung, die als Oratorium wenig konventionellen szenischen Anteil aufweist, laufen u. a. (als fester Werkbestandteil) Videoaufnahmen der Gesichter von Menschen, gefilmt beim Betrachten des Videos eines Luftangriffs auf Bagdad am 12.07.2007. Zu diesem Zeitpunkt weiß das Publikum nicht, welche Videos sich die projizierten Personen ansehen – bis genau dieses Video dem Publikum am Ende der Aufführung gezeigt wird.

The Source beginnt mit Stille. Auf den Videoleinwänden werden Chatlogs von Manning und dem Hacker Adrian Lamo gezeigt, der Manning später bei den Behörden melden sollte. Schon hier zeigt sich ein Prinzip, das sich durch Video und Vertonung ziehen wird: Die Beglaubigung dokumentarischer Quellen durch Übernahme dokumentarischer Nebentexte in *The Source*, wie bspw. Zeitangaben oder Aktenzeichen.

Einer dieser Chat-Auszüge liest sich wie folgt:

> (1:47:01 PM) bradass87:
> i'm an army intelligence analyst, deployed to eastern baghdad [99]

---

[97] Music Theatre Now [Hg.]: *The Source*. Entn. *Music Theatre Now*. <http://mtnow.org/archive/mtn942015/the-source/>, letzter Zugriff 28.06.2017.

[98] Ebd.

[99] Daniel Fish [Reg.]: *The Source*. Videoaufz., Brooklyn Academy of Music Fisher Theater, Oktober 2014. Min. 0:48.

Die Echtheit dieses Zitats wird, allerdings nicht in der Aufführung selbst, sondern nur im Libretto, mit einer Quellenangabe versehen. Die Videodarstellung übernimmt den Auszug wortwörtlich, inklusive Nickname, Kleinschreibung und Timecode. Dennoch gibt es Unterschiede zur Quelle wired.com.[100] Es handelt sich nicht um einen Screenshot, Nickname und Text sind auf wired.com in derselben Zeile zu finden, außerdem wird nicht der komplette Text der Eingabe von bradass87 um 1:47:01 dargestellt. Dieser lautet:

> (1:47:01 PM) bradass87: im an army intelligence analyst, deployed to eastern baghdad, pending discharge for adjustment disorder in lieu of gender identity disorder [101]

The Source enthält dem Publikum, vermutlich aus dramaturgischen Gründen, an dieser Stelle den zweiten Teil des Zitats und damit die psychologischen Aspekte dieser Eingabe vor. Die Videoprojektion ist unzuverlässiger, als die starke Beglaubigung dieses Zitats es vermuten lassen. In *The Source* wird durchaus aus Quellen ausgewählt, kompiliert, das Erscheinungsbild der Quelle im jeweiligen Medium bewusst verändert.

Nichtsdestotrotz geben sich Ted Hearne und sein Librettist Mark Doten große Mühe, nachprüfbar und quellenkritisch zu arbeiten. So folgt jeder der zwölf Szenen im Libretto ein Fußnotenapparat, die bereits erwähnten Nebentexte werden auch in der Vertonung nicht verändert oder harmonisiert, sondern erscheinen in der ganzen Unverständlichkeit einer Behördensprache. Diese Setzung ist der formale Rahmen für ein eklektisches, postmodernes Werk, das den dokumentarischen Gestus der musiktheatralen Präsentation militärischer Quellen immer wieder stört. Zum Beispiel zu Beginn des ersten Teils „Explosive Hazard“. Dessen Text lautet folgendermaßen:

> (EXPLOSIVE HAZARD)
>
> Improvised Explosive Device Explosion Report:

---

[100] Eva Hansen: „Manning-Lamo Chat Logs Revealed.“ Entn. *Wired*. <https://www.wired.com/2011/07/manning-lamo-logs>, letzter Zugriff 05.07.2017.

[101] Ebd.

Zero Injured / Zero Damage

1STB in the vicinity of Route Shark.

December 21, 2007

> An IED detonation was reported by C co 1-327 INF to Task force SPARTAN, in the Salah Ad Din Province, Ad Dawr, vicinity. 38S LD 8930 1490. 1st Platoon/Aco/1st STB was traveling north on Route Shark when an IED detonated on their convoy.[102]

Bereits beim Lesen ist ohne angemessene Fachkenntnis völlig unklar, was bspw. „1STB" oder „C co 1-327 INF" bedeutet. Dass es sich bei „Route Shark" um eine Ortsangabe handelt, ist offensichtlich, wo sie sich befindet, bleibt ebenfalls im Dunkeln. Ted Hearne vertont den oben zitierten Text komplett. Die Transformation ins Musikalische steigert die Überforderung durch das Dokument noch weiter und verändert seine medialen Bedingungen. Im prozessualen Verlauf der Musik wendet er Verfahren von Textvertonung an, die den Status des Dokuments unterminieren. Im Bariton wird der obige Text gesungen und durch Effektgeräte live bearbeitet. Dieser melodisch gleichförmige, durch Autotune maschinenartig wirkende Sprechgesang kulminiert beim Wort „Shark" mit einem Triller. Der Sprechgesang des Baritons ist im Notentext als Rezitativ markiert, womöglich handelt es sich beim Triller also um eine Reminiszenz an barocke Gesangspraxis. Das Wort „Shark", das dem Publikum nicht final erklärt wird, wird dadurch massiv mit Bedeutung aufgeladen. Unmittelbar darauf erklingt ein Sample mit dem Text „Oh the Shark!" Dieses Sample stammt (auch laut Libretto[103]) aus einer Aufnahme von Weills/Brechts *Moritat von Mackie Messer*, gesungen auf Englisch von Clay Aiken auf dessen Album *Tried and True* (2010). Clay Aiken wurde als Teilnehmer der zweiten Staffel von American Idol berühmt, wo er dieses Lied live sang. Womöglich erkennt ein Teil des Publikums das Zitat und stellt einen Bezug zwischen der ambivalenten Verbrecherfigur Mackie Messer und dem militärischen Agieren der USA her – ansonsten führt der Einsatz dieses Samples zu einer kurios wirkenden Hervorhebung der Referenzgehalts des Wortes „Shark". Der vergleichsweise nüchterne Text der Militärakte wird an dieser Stelle enorm

[102] Ted Hearne/Mark Doten: *The Source. Full Score.* o.O: o. J. S. 7.

[103] Ebd.

aufgeladen – allerdings ohne Verweis darauf, womit. Damit spiegelt Hearne das Rezeptionsproblem, dass die Leaks, aus denen das Material stammt, für normale Menschen eigentlich nicht entschlüsselbar sind – die Musik vollzieht das Ringen um Bedeutung nach. Das Clay-Aiken-Sample wirkt dabei wie komponiertes Abschweifen. Es ist der herbeiassoziierte Gedanke an die *Moritat von Mackie Messer*, nur weil das Wort „Shark" erklingt, da mit dem restlichen Text inhaltlich so gut wie nichts anzufangen ist. Hearne komponiert die Überforderung durch die Militärdokumente und ein Rezeptionsverhalten mit kurzer Aufmerksamkeitsspanne und leichter Ablenkbarkeit.

Ein anderes Verfahren, mit dem Hearne die Überforderung durch den dokumentarischen Text komponiert, ist das einer Textvertonung, die so affirmativ wirkt, dass die Differenz zwischen (dokumentarischem) Text und (affirmativer) Musik sichtbar wird. In der zweiten Szene erklingt, durchsetzt von Popmusik-Samples, ein soul-ähnliches Duett auf Texte aus Chatlogs und Twitter-Posts mit triolischer Begleitung, das sich in eine klassische Rocknummer verwandelt.[104] Der Schluss dieser Szene ist ein kurzes Tenor-Solo im Stil einer simplen, unbegleiteten Sologesangskadenz des Rock. Nicht nur diese Schlusswendung, auch die Begleitung erinnert durch typisch rockig eingesetzte E-Gitarre und Bass über aufsteigende Triolen in den Streichern an den opulenten Rock der 1970er. Diese Passage wirkt beinahe heroisch – dabei stammt sie aus einem Twitter-Post von Adrián Lamo, in dem sich dieser für das Übergeben Mannings an die Behörden rechtfertigt: „I outed Brad Manning as an alleged leaker out of duty. I would never (and have never) out an Ordinary Decent Criminal. There's a difference."[105] Die Musik belegt diesen Text überraschend positiv. Sie schlägt sich auf seine Seite und vereinfacht. Der Bruch zwischen Musik und Text lässt die Quelle als etwas hervortreten, das nur subjektiv überformt werden kann.

Wenn das Material eines Musiktheaters wie in *The Source* zu weiten Teilen aus Anordnung (anstelle von ingeniöser Schöpfung) besteht, wenn die musikalische Faktur das Material und seine Bewertung selbst thematisiert, greift die romantische Kategorie von Musik als selbstbegründende, eigengesetzliche Struktur nicht mehr. David Roesner hat darauf hingewiesen, dass in Stücken wie *The Source* der

104 Ebd., S. 55.

105 Adrián Lamo: „20:32 – 6. Juni 2010". Entn. *twitter.* <https://twitter.com/6/status/15603126407>, letzter Zugriff 03.07.2017.

romantische Autoren- und Werkbegriff infrage gestellt wird.[106] Anhand seines mit Matthias Rebstock entwickelten Begriffs ‚composed theatre' stellt er *The Source* in einen Zusammenhang zeitgenössischen Musiktheaters, in dem künstlerische Teams wie folgt beschrieben werden:

> less driven by the imperative to ‚realise' a production based on a given story or commission, but seek out challenges to solve questions and to answer them through performance. Their works are investigations into the nature of how music, images, voice, body, sound, light, etc. interact and create experiences on stage.[107]

Diesen Anspruch löst *The Source* nicht nur über die beschriebenen Text-Musik-Verhältnisse und diverse Praktiken ein, in denen die Quellen authentifiziert und deauthentifiziert werden, sondern auch über eine geschichtete „polyphony in the interplay of visual and acoustic material."[108] Mit Augenmerk auf dokumentarische Arbeit stellt sich für *The Source* vor allem die Frage, wie im Rahmen dieser polyphonen Schichtung die Anordnung Sinnzusammenhänge erschließt oder auflöst, die das Material selbst zum Thema haben.

Eine solche Schichtung ist vor allem in der letzten Szene „I encrypt as much as I can" deutlich. Zuerst wird eine Liste ichbezogener Aussagen aus Chatlogs von Manning und Lamo von „I played SimCity obsessively"[109] bis „I behave and look like a male, but it's not me"[110] von verschiedenen Sänger*innen gesungen. Obwohl der Eindruck entsteht, alle Äußerungen stammten von Manning, ist dies nicht der Fall, die Musik ist erneut eine unzuverlässige Erzählerin. Dadurch, dass Männer und Frauen diese Botschaften singen, löst sich auch eine geschlechtliche Zuordnung auf, die für die Person Mannings biografisch bedeutend ist. Aber nicht nur geschlechtlich ist in *The Source* nun jede Zuordnung dahin. Durch das wiederum starke Pop/Rock-Idiom, in dem die Liste der Ichbotschaften quasi ab-

---

106 David Roesner: „Music Theatre Now – Global Tendencies and Perspectives." In *Music Theatre Now*. Progr. Rotterdam: Music Theatre Now, 2016. S. 10–19. S. 12.

107 Ebd., S. 11.

108 Ebd., S. 15.

109 Hearne, *The Source*, S. 24.

110 Ebd., S. 24f.

gearbeitet wird, verliert sich der dokumentarische Status der Aussagen, sie wirken willkürlich zusammengestückelt und die Sänger*innen werden als Personen sichtbar. Final wird in allen Gesangsstimmen wechselnd „it's not me"[111] repetiert, darüber entwickelt sich eine Polyphonie von Zitaten aus Militärdokumenten in schnellen Notenwerten, eine Stretta der dokumentarischen Überforderung. Die Militärtexte prasseln, elektronisch zunächst wieder durch Autotune gefiltert, nur so auf das Publikum ein, dazwischen ist immer wieder das verzweifelte „it's not me" zu hören: Die Dokumente greifen auf das persönliche Leben über. Die Musik bäumt sich auf zur Überforderung durch die schiere Datenmenge, in der das Subjekt verschwindet. Die Steigerung dieser Polyphonie findet ihren Abschluss, als sich drei Zitate aus Militärdokumenten und Mannings Satz „and I have no one I can tru.."][112] (in den Chatlogs: „(2:57:32 PM) bradass87: and i have no-one i trust"[113]) beim Wort „trust" treffen. Alle Stimmen und Instrumente vereinigen sich auf einem dissonanten Septakkord voller Sekundreibungen. Alle Stimmen singen das Wort „trust" komplett – nur bei Mannings Zitat im Tenor kann dieses bedeutungsschwangere Wort nicht artikuliert werden, die letzten beiden Buchstaben fehlen – entgegen dem Zitat der Quelle. Der letzte Satz gehört Beyoncé, deren nun folgendes Sprachsample voller unbedarfter Leichtigkeit wie Hohn wirkt: „There was one moment – I guess I was a bit lonely so I opened up the computer and just … talked."[114] Danach schweigt die Musik. Ein amerikanisches Abschussvideo aus den Leaks ist zu sehen: das Video, das (angeblich) auch den Menschen gezeigt wurde, die man den ganzen Abend lang in Übergröße auf den Leinwänden beobachten konnte. Das Publikum, das sich den ganzen Abend in zwei Gruppen gegenübersitzt, …

1. … kann so über die Dauer der Aufführung die Menschen in der Videoprojektion beim Ansehen eines Videos beobachten, in dem Zivilist*innen erst beobachtet, dann getötet werden – ohne das Video selbst zu kennen,
2. … kann sich durch die Publikumsanordnung gegenüberliegender Zuschauer*innenpodeste derweil selbst beim Beobachten der videoschauenden Menschen beobachten.

[111] Ebd., ab S. 247, T. 140ff.

[112] Ebd., S. 226, T. 164ff.

[113] Hansen 2011.

[114] Hearne, *The Source*, S. 255.

3. Sobald das Video dem Publikum gezeigt wird, ergibt sich eine rückbezügliche Selbstbeobachtung: Man ist nun selbst in der Position derer, die man den Abend hindurch angeblickt hat …
4. … und kann sich dabei durch die gruppenweise Publikumsanordnung wiederum selbst beobachten.

The Source erweist sich insgesamt also als Beispiel für eine produktive kompositorische Interpretation dokumentarischen Materials. Ted Hearne konfrontiert das Material mit einer musikalischen Faktur, die die vermeintlich objektive Gestalt des Materials weitestgehend beibehält oder zumindest betont, nur um sie innermusikalisch zu brechen und nahezu unberechenbar emotional aufzuladen. Dadurch vollzieht die Vertonung die Unmöglichkeit angemessenen Umgangs mit dem Material nach, komponiert das Scheitern am Dokument mit ein. *The Source* ist ein musiktheatraler Bewusstseinsstrom im Versuch, einer Informationsflut habhaft zu werden. Im weitesten Sinn ließe sich das Werk als postdramatisch beschreiben, im Versuch, innerhalb dieser Überforderung einen narrativen Zugriff zu finden, der von der musikalischen Gestalt permanent suggeriert wird, nur um sich nie einzulösen. *The Source* ist kein Stück über dokumentarisches Material, sondern über dessen Rezeption. Ein ironischer Versuch, in einen Illusionismus zurückzukehren, der ohnehin nur scheitern kann (und auch soll).

8. Zusammenfassung

Das dokumentarische Musiktheater des 21. Jahrhunderts ist selbstverständlich so vielfältig, wie es die Kunstpraxen der Gegenwart grundsätzlich sind, wie sein Material und die Arbeitszusammenhänge, in denen es stattfindet. Auffällig an den in dieser Publikation vorgestellten Beispielen ist dabei, dass alle drei Musik als Mittel der Brechung nutzen, um sich zum Status der verwendeten Dokumente in ein kritisches Verhältnis zu setzen: in *Doctor Atomic* im Rahmen einer klassischen Operndramaturgie, in der die Sphäre des Dokumentarischen von einer literarischen abgegrenzt wird; in den *Three Tales* durch eine umfassende musiktheatrale Deauthentifizierung des Materials im Rahmen einer multimedialen Materialpräsentation; in *The Source* durch eine eklektische Polyphonie der Überforderung durch das Material. Alle drei Beispiele greifen außerdem – im Sinne der dritten Welle des Dokumentartheaters – auf Material zurück, das Subjektivität sichtbar macht und konfrontieren es mit dem Ringen um Objektivität: in *Doctor Atomic* durch die beiden (auch formal) getrennten Ebenen von Wissenschaft und Privatleben; in den *Three Tales* durch musikalischen Umgang mit Individualstimmen und Einzelschicksalen in Verbindung mit ‚großen' Themen wie Technologie und Religion; in *The Source* durch die Präsentation einer überfordernden Quellenlage im Rahmen einer Auseinandersetzung mit der Person Mannings.

Geeint werden die Beispiele auch in ihrem Umgang mit dem Thema Technologie. Sie ist in allen Beispielen ein ästhetisches Problem, das den Menschen überfordert und übersteigt, weswegen in den *Three Tales* und *Doctor Atomic* das Transzendente als Kategorie wieder relevant wird. Das Thema Technologie setzt sich aber auch innermusikalisch fort, denn in allen drei Beispielen werden Verfahren der elektronischen Musik, dabei vor allem Sampling, genutzt, um sich mit akustischen Dokumenten auch innermusikalisch auseinanderzusetzen. Technologie ist dabei kein Mittel zum musiktheatralen Selbstzweck, sondern lässt die Fragen nach Dokumentenstatus und Authentizität, die durch das Material selbst aufgeworfen werden, zu musikalischen Fragen werden. Häufig tritt ihr Einsatz als vehemente Differenz zu einer vermeintlichen Natürlichkeit, bspw. von Stimme, auf – man denke in *The Source* an den roboterstimmenhaften Autotune-Einsatz oder in den

Three Tales an den rhythmisch akkuraten Einsatz von Sprachsamples, die dadurch musikalische Qualitäten bekommen.

Im künstlerischen Prozess harmonisieren alle drei Beispiele das verwendete Material aber auch mehr oder weniger deutlich. Die vollkommene Glaubwürdigkeit einer Quelle durch ihre unveränderte Präsentation spielt so gut wie keine Rolle, was an der beschriebenen immanenten Verfremdung liegt, die Musik vornimmt. Authentizität ist vielmehr ein Referenzpunkt und führt zu den erprobten Verfahren von Beglaubigung und Infragestellung, was sich musikalisch vor allem durch affirmativen und subversiven Zugriff auf die empathische Kraft der Musik realisiert. Entsprechend komplex werden von den Stücken auch Fragen nach Darstellung und Repräsentation nicht ausgespart.

Fritz B. Simon hat auf den Aspekt der räumlichen Innen-Außen-Unterscheidung zwischen Bühne und Zuschauerraum hingewiesen, der die Unterscheidung Spiel/Wirklichkeit entspricht.[115] Auch diese Unterscheidung wird Thema in *Doctor Atomic* (durch stückimmanenten Abbau der vierten Wand) und *The Source* (durch Mechanismen von Fremd- und Selbstbeobachtung). Es scheint, als widerspräche eine allzu deutliche Trennung zwischen Bühne und Publikum dem wirklichkeitsnahen Anspruch dokumentarischen Musiktheaters im besonderen Maß, zumal diese Trennung im Bereich musikalischer Aufführung eine noch größere Rolle spielt als bei Performance oder Sprechtheater.

Ob die genannten Beispiele für ein amerikanisches dokumentarisches Musiktheater besonders repräsentativ sind, soll an dieser Stelle nicht beantwortet werden. Die Zugänglichkeit der Beispiele ließe sich auch über amerikanische Traditionslinien von Ives, Copland und Cage, vielleicht auch über Pop-Art und Popmusik herleiten – viel wesentlicher ist dabei aber, dass Zugänglichkeit auch eine grundsätzliche ästhetische Entscheidung ist, die auch im dokumentarischen Sprechtheater anfällt. Dokumentartheater will grundsätzlich verstanden werden und auch didaktischer Impetus ist ihm mitunter nicht fremd. Inhaltlich absolut verstanden werden zu wollen, lässt sich indes schwer mit einer konsequenten musikalischen Eigengesetzlichkeit in Einklang bringen.

---

115 Fritz B. Simon: „Die Unterscheidung Wirklichkeit/Kunst. Einige konstruktivistische Aspekte des ‚dokumentarischen Theaters.' " In: Nikitin, Boris/Schlewitt, Carena/Brenk, Tobias [Hgg.]: *Dokument, Fälschung, Wirklichkeit. Materialband zum zeitgenössischen dokumentarischen Theater*. Berlin: Theater der Zeit, 2014. S. 39–48. S. 41.

Die Probleme von Mimesis bzw. grundsätzlicher Realitätsferne im Musiktheater führen vor allem dazu, dass allein Strategien der Beglaubigung dem Musiktheater nicht genügen. Aus den vorliegenden Beispielen abgeleitete Strategien des dokumentarischen Musiktheaters sind also folgende:

1. Die Übernahme von aus dem Sprechtheater bekannten Beglaubigungsstrategien wie Transparenz, Selbstbezichtigung und die bewusste Nicht-Inszenierung von Material.
2. Die Tendenz einer kompositorischen Überformung des dokumentarischen Materials, wodurch das Material seinen Status als Dokument tendenziell verliert, in der Komposition zur Referenz wird und nicht länger verifizierbar ist.
3. Deauthentifizierung und emotionale Aufladung des Materials mithilfe üblicher kompositorischer Verfahren der Textvertonung und motivisch-thematischer Arbeit, durch die eine formale Spannung zwischen dem Material und seiner musikalischen Aufladung sichtbar wird.
4. Die Überführung (vermeintlich) objektiven Materials ins Subjektive, also das Erzählen persönlicher Geschichten im Sinne der dritten Welle des Dokumentartheaters.
5. Dokumentarisches Material wird zu musikalischem Material. Dabei ist vor allem die Arbeit mit Samples hervorzuheben, innerhalb der die musikalischen Qualitäten von Sprache sichtbar werden.
6. Der Einsatz von elektronischen Effekten und elektronischer bzw. elektroakustischer Musik und eine entsprechende Nähe zur Maschinenästhetik, oftmals im Sinne einer ausgestellten Künstlichkeit.
7. Vermehrte Thematisierung von Inter- und Multimedialität in den Werken; analog vermehrter Einsatz von Videoprojektionen.
8. Eine Tendenz zu kollaborativen Arbeitsformen. Libretto, Komposition, Regie und Video verbinden sich untrennbar zu einer Einheit.[116] Damit einher geht, dass das hypermediale Gefüge so stark determiniert ist, dass wenig Raum für klassisch-interpretatorische Regiearbeit verbleibt.

Die meisten dieser Strategien eint dennoch, dass sie im weitesten Sinn die Eigengesetzlichkeit von Musik nicht tangieren. Diese reflektiert dennoch mediale

---

116 Der Begriff Gesamtkunstwerk sei an dieser Stelle ausdrücklich vermieden.

Gestalt, Inhalt und Rezeption von Dokumenten innermusikalisch – ohne ihre Autonomie zu verlieren oder zur bloßen Funktionsträgerin zu werden. Die Dokumente sind keine bloßen Ideengeber für motivisch-thematische Arbeit, sondern integraler Bestandteil der Musik selbst. Sie wäre ohne das offengelegte Erscheinen eines Dokuments schlichtweg nicht vollständig.

Eine umfassende Wertschätzung dokumentarischer Arbeiten im Musiktheater- und Opernbereich, wie sie bspw. dem Barockrepertoire oder den spätromantischen Opern des frühen 20. Jahrhunderts längst zuteil geworden ist, steht noch aus – in der Wissenschaft und den Opernhäusern. Das mag sicherlich an der vielbeschworenen Trägheit der Institutionen liegen, sicherlich auch an der geringen Anzahl von Uraufführungen, die sich ein Haus leisten kann und die ein dokumentarishes Projekt wie ein Risiko erscheinen lassen. Dass das Potenzial einer immanent musiktheatralen Reflexion von Zeitgeschehen auch abseits der freien Szene und der Nebenspielstätten der etablierten Häuser allmählich erkannt wird, bleibt den vielen dokumentarischen und recherchebasierten Musiktheaterprojekten daher zu wünschen, die mit großer Selbstverständlichkeit meist als kollaborative Stückentwicklungen entstehen. Nicht nur wegen des großen kompositorischen Potenzials oder der stetig sinkenden gesellschaftlichen Relevanz des ‚Kraftwerks der Gefühle' (Alexander Kluge), sondern auch, weil eine Musiktheaterpraxis, die nicht nach den Gesetzmäßigkeiten der rein inszenatorischen Aktualisierung eines ansonsten sakrosankten Werks funktioniert, jede Menge produktive Unruhe stiften könnte.

Literaturverzeichnis

Primärquellen

Adams, John: *Doctor Atomic. Libretto.* Karlsruhe: Badisches Staatstheater, 2014. Entn. <http://spielzeit13-14.staatstheater.karlsruhe.de/media/libretto/Doctor%-20Atomic%20amerik_deutsch.pdf>, letzter Zugriff 01.07.2017.

Hearne, Ted/ Doten, Mark: *The Source. Libretto and Full Score.* o.O: o. J.

Reich, Steve/ Korot, Beryl: *Three Tales.* London: Boosey & Hawkes, 2002.

Reich, Steve/Korot, Beryl: „Three Tales. Libretto." Entn. *Steve Reich*, <http://www.stevereich.com/threetales_lib.html>, letzter Zugriff: 06.07.2017.

Sekundärquellen

Abbate, Carolyn/Parker, Roger: *Eine Geschichte der Oper. Die letzten 400 Jahre.* o.O.: C.H. Beck, 2013.

Adorno, Theodor W.: *Philosophie der neuen Musik.* Frankfurt am Main: Suhrkamp, 1949.

Ashby, Arved: „Minimalist Opera." In: Mervyn Cooke [Hg.]: *The Cambridge Companion to Twentieth-Century Opera.* Cambridge: Cambridge University Press, 2005. S. 244–266.

Bachmann, Michael: „III. Gattungen des Dramas im historischen Kontext: Dokumentartheater/ Dokumentardrama." In: Marx, Peter W. [Hg.]: *Handbuch Drama.* Stuttgart/Weimar: J. B. Metzler, 2012. S. 305–310.

Bork, Camilla/Hiekel, Jörn Peter: „Neue Musik und Literatur." In: Hiekel, Jörn Peter/ Utz, Christian [Hgg.]: *Lexikon Neue Musik.* Stuttgart/Kassel: J.B. Metzler, 2016. S. 454–460.

Cavell, Stanley: „Die Welt durch die Kamera gesehen." In: Henrich, Dieter/Iser, Wolfgang [Hgg.]: *Theorien der Kunst.* Frankfurt am Main: Suhrkamp 1992. S. 447–490.

Collins, Nick/Schedel, Margaret/Wilson, Scott: *Cambridge Introductions to Music: Electronic Music.* Cambridge: Cambridge University Press, 2013.

Ebright, Ryan Scott: *Echoes of the Avant-Garde in American Minimalist Opera.* Dissertation. Chapel Hill: University of North Carolina Hill, 2014.

Everett, Yayoi Uno: *Reconfiguring Myth and Narrative in Contemporary Opera.* Bloomington: Indiana University Press, 2015.

Fish, Daniel [Reg.]: *The Source,* Videoaufz., Brooklyn Academy of Music Fisher Theater, Oktober 2014.

Fox, Christopher: „Steve Reich's ‚Different Trains'." In: *Tempo,* Jg. 1990, Ausg. 172 (1972).S. 2–8.

Hansen, Eva: „Manning-Lamo Chat Logs Revealed." Entn. *Wired.* <https://www.wired.com/2011/07/manning-lamo-logs>. Letzter Zugriff 05.07.2017.

Kämpfer, Frank: „Werner Egk – ‚Columbus'." Entn. *Deutschlandfunk,* <http://www.deutschlandfunk.de/werner-egk-columbus.727.de.html?dram:article_id=100740>. Letzter Zugriff: 08.05.2017.

Kirk, Elise K.: „American opera: Innovation and Tradition." In: Mervyn Cooke [Hg.]: *The Cambridge Companion to Twentieth-Century Opera.* Cambridge: Cambridge University Press, 2005. S. 197–208.

Kleist, Heinrich von: *Über das Marionettentheater.* Wiesbaden: Löwit, 1810.

Kölner Philharmonie [Hg.]: *Beryl Korot & Steve Reich, Three Tales.* Prog., Red. Sebastian Loelgen. Köln: Kölner Philharmonie, Spielzeit 2010/2011, Konzert am 13.06.2011.

Kreuzer, Stefanie: „Künstl(er)i(s)che Strategien von Authentizitätskonstruktion – Beispiele aus Literatur, Film und bildender Kunst." In: Funk, Wolfgang/ Krämer, Lucia [Hgg.]: *Fiktionen von Wirklichkeit. Authentizität zwischen Materialität und Konstruktion.* Bielefeld: transcript, 2011. S. 179–204.

Lamo, Adrián: „20:32 - 6. Juni 2010" Entn. *twitter,* <https://twitter.com/6/status/15603126407>. Letzter Zugriff 03.07.2017.

Liebl, Franz: „Strategien zur Erzeugung von Glaubwürdigkeit. Von der Erregung zum Misstrauen." In: Nikitin, Boris/Schlewitt, Carena/Brenk, Tobias [Hgg.]: *Dokument, Fälschung, Wirklichkeit. Materialband zum zeitgenössischen dokumentarischen Theater.* Berlin: Theater der Zeit, 2014. S. 135–146.

Lintott, Robert Warren: *The Manipulation of Time Perception in John Adams's „Doctor Atomic"*. Masterarbeit. College Park: University of Maryland, 2010.

Lulé, Susanna: *Oper als ästhetisches Modell für die Literatur um 1800.* Phil. Diss. Gießen: Justus-Liebig-Universität, 2004.

Metzger, Stephanie: *Theater und Fiktion. Spielräume des Fiktiven in Inszenierungen der Gegenwart.* Bielefeld: transcript, 2010.

Möbius, Hanno: „Collage oder Montage". In: Berg, Hubert von/Fähnders, Walter[Hgg.]: *Metzler Lexikon Avantgarde.* Stuttgart: J. B. Metzler 2009. S. 56–57.

Music Theatre Now. [Hg.]: *The Source.* Entn. *Music Theatre Now,* <http://mtnow.org/archive/mtn-2015/the-source/>. Letzter Zugriff 28.06.2017.

Nebhuth, Ralph/Stroh, Wolfgang: „Szenische Interpretation von Opern – wieder eine neue Operndidaktik?" In: *Musik und Bildung,* Jg. 1990, Ausg. 22 (1990). S. 21–25.

Nikitin, Boris: „Der unzuverlässige Zeuge, Zwölf Behauptungen über das Dokumentarische.“ In: Nikitin, Boris/Schlewitt, Carena/Brenk, Tobias [Hgg.]: *Dokument, Fälschung, Wirklichkeit. Materialband zum zeitgenössischen dokumentarischen Theater.* Berlin: Theater der Zeit, 2014, S. 12–21.

Rebstock, Matthias: „Analyse im neuen Musiktheater – Diskussion interdisziplinärer Ansätze.“ In: *Diskussion Musikpädagogik*, Jg. 2003, Ausg. 18 (2003). S. 26–32.

Rebstock, Matthias/Roesner, David [Hg.]: *Composed Theatre. Aesthetics, Practices, Processes.* Bristol: Intellect, 2012.

Rebstock, Matthias: „Composed Theatre: Mapping the Field.“ In: Rebstock, Matthias/Roesner, David [Hgg.]: *Composed Theatre. Aesthetics, Practices, Processes.* Bristol/Chicago: Intellect, 2012. S. 17–52.

Reinelt, Janelle: „The Promise of Documentary.“ In: Forsyth, Alison/Megson, Chris [Hgg.]: *Get Real. Documentary Theatre Past and Present.* New York: palgrave macmillan, 2009. S. 6–23.

Roesner, David: „Music Theatre Now – Global Tendencies and Perspectives.“ In: *Music Theatre Now*. Progr. Rotterdam: Music Theatre Now, 2016. S. 10–19.

Ross, Alex: „Opera as History.“ In: *The New Yorker*, 06.01.2003. S. 86–87.

Ross, Alex: *The Rest is Noise. Listening to the Twentieth Century.* New York: Farrar, Straus and Giroux, 2007.

Ruf, Wolfgang: „Musiktheater.“ In: *Die Musik in Geschichte und Gegenwart.* Kassel/Stuttgart: Bärenreiter/J. B. Metzler, 1997. Sachteil Bd. 6, Sp. 1670–1710.

Salzman, Eric/Desi, Thomas: *The New Music Theatre.* Oxford: Oxford University Press, 2008.

Salzman, Eric: „Some Notes on the Origin of New Music Theatre.“ In: *Theater*, Jg. 30, Ausg. 2, (2000). S. 9–23.

Simon, Fritz B.: „Die Unterscheidung Wirklichkeit/Kunst. Einige konstruktivistische Aspekte des ‚dokumentarischen Theaters'." In: Nikitin, Boris/Schlewitt, Carena/Brenk, Tobias [Hgg.]: *Dokument, Fälschung, Wirklichkeit. Materialband zum zeitgenössischen dokumentarischen Theater*. Berlin: Theater der Zeit, 2014. S. 39–48.

Smyth, Henry DeWolf: *Atomic Energy for Military Purposes*. Entn. <http://www.atomicarchive.com/Docs/SmythReport/index.shtml>. Letzter Zugriff 23.06.2017.

Szilard, Leo: *Szilard petition, cover letter, July 4, 1945*. Entn. <http://www.dannen.com/decision/45-07-04.html>. Letzter Zugriff 29.06.2017.

Tobler, Andreas, „Das Dokumentarische als Gestus. Über Möglichkeiten dokumentarischen Theaters." In: Nikitin, Boris/Schlewitt, Carena/Brenk, Tobias [Hgg.]: *Dokument, Fälschung, Wirklichkeit. Materialband zum zeitgenössischen dokumentarischen Theater*. Berlin: Theater der Zeit, 2014, S. 147–161.

Tschulik, Norbert: „Der Verismo und seine Grenzen." In: Voss, Egon [Hg.]: *Maske und Kothurn. Stichwort: Verismo*, Wien: Böhlau 2003. (Internationale Beiträge zur Theaterwissenschaft Jg. 49). S. 165–177.

Voss, Egon: „Verismo in der Oper." In: *Die Musikforschung*. Jg. 31, Ausg. 3 (1978). S. 303–313.

Weiss, Stefan: „Polystilistik." In: Hiekel, Jörn Peter/Utz, Christian [Hgg.]: *Lexikon Neue Musik*, Stuttgart/Kassel: J.B. Metzler Verlag 2016. S. 506–507.

Zenck, Martin, „Inszenierung von Authentizität in den Kafka-Fragmenten von György Kurtág nebst einem Prolegomenon zu einer Theorie der Authentizität im musikalischen Kunstwerk." In: Fischer-Lichte, Erika/Horn, Christian/Pflug, Isabel/Warstat, Matthias[Hgg.]: *Inszenierung von Authentizität*. Tübingen: Narr Francke Attempto, 2007, S. 129–148.

FSC
www.fsc.org
MIX
Papier | Fördert
gute Waldnutzung
FSC® C083411

Zeitfracht Medien GmbH
Ferdinand-Jühlke-Straße 7
99095 Erfurt, Deutschland
produktsicherheit@kolibri360.de